苏格兰的思想堡垒
爱丁堡大学

王子安◎主编

汕頭大學出版社

图书在版编目（CIP）数据

苏格兰的思想堡垒——爱丁堡大学 / 王子安主编
. -- 汕头 ：汕头大学出版社，2012.4（2024.1重印）
ISBN 978-7-5658-0716-9

Ⅰ．①苏… Ⅱ．①王… Ⅲ．①爱丁堡大学－概况
Ⅳ．①G649.561.8

中国版本图书馆CIP数据核字(2012)第066413号

苏格兰的思想堡垒——爱丁堡大学

主　　编：王子安
责任编辑：胡开祥
责任技编：黄东生
封面设计：君阅天下
出版发行：汕头大学出版社
　　　　　广东省汕头市汕头大学内　邮编：515063
电　　话：0754-82904613
印　　刷：河北浩润印刷有限公司
开　　本：710mm×1000mm　1/16
印　　张：11
字　　数：80千字
版　　次：2012年4月第1版
印　　次：2024年1月第2次印刷
定　　价：50.00元
ISBN 978-7-5658-0716-9

目 录

历史回眸

政经巨匠

别样记忆

学术光辉

华人精英

目
录

历 史 回 眸

爱丁堡城市与爱丁堡大学

爱丁堡位于苏格兰北部边境靠海的海滨,是苏格兰首府,被公认为欧

爱丁堡城市一景

洲最富有吸引力的城市之一,也是英国主要的社交、文化中心。爱丁堡市
是历史名城,有许多名胜古迹,如艺术长廊和音乐厅、苏格兰皇家博物馆、
皇家植物园、苏格兰国家图书馆、圣伍德皇宫、议会大厦、圣支来大教堂、

爱丁堡古城堡等等。城中如皇后公园、亚瑟剧院等一半以上的场所是露

爱丁堡古城堡

天的。同时爱丁堡交通很方便，搭乘飞机从爱丁堡国际机场飞抵伦敦只要一个小时，而爱丁堡作为苏格兰首府，其公路与铁路线十分发达，可以通往英国的各个角落。

　　爱丁堡城有一所世界闻名的大学——爱丁堡大学。爱丁堡大学是大不列颠六所最古老、最大的大学之一，最初建立于1583年。爱丁堡大学既珍惜往日的荣誉，又在今天不断地追求、创新，以其出色而多样的教学与研究而享誉世界。爱丁堡大学分旧学院和新学院两部分。旧学院是现在法律与欧洲研究所学院所在地。附近有 McEwan 大厅，它是维多利亚农业丰收的象征建筑，内设有 2200 个座位，专门为举行毕业典礼及一些大型正式的洽谈会所设。新学院位于蒙德山顶，在那可以俯瞰王子大街，

历
史
回
眸

神学院就位于该地。爱丁堡大学有 3 个主要大学活动建筑场所：乔治广场区（旧学院）、国王大厦和波洛克大厅。旧学院的一些原始建筑可追溯到 1776 年，但大多数建筑是现代的。乔治广场区还有爱丁堡大学的主要图书馆；国王大厦位于乔治广场以南约 3 千米处，大多数科学和工程学院位于该区，如电子工程学院、生态学院、工程信息学院以及一些政府科研机构（苏格兰农业大学）。这些建筑多数首建于 1920 至 1930 年，五六十年代扩建，并增设了气象学系、物理天文系以及大学计算机服务设施。波洛克大厅由 10 个独立的现代大厅组成，可供近 2000 名学生居住。

爱丁堡大学

爱丁堡大学的教研人员总数近 3000 人，全校分设 8 个学院。这 8 个学院分别是：艺术学院、法学院、神学院、科学与工程学院、社会科学院、兽

医学院以及音乐学院。在最近开展的评估活动中，94%的教职员工递交了研究报告，其中将近90%的员工所在的系被评为4级、5级或者5＊级（最低级别为1级，最高级别为5＊级）。爱丁堡大学的26个专业中有24各个专业被外部评估机构评为"优秀"或者"极为满意"。

爱丁堡大学是英国最具规模的院校之一，在校学生总数达到17000人，其中16%为来自100多个国家的外国留学生。1998年8月11日，莫

爱丁堡大学图书馆

雷教育学院与爱丁堡大学合并，进一步扩大了爱丁堡大学的规模。申请莫雷教育学院以及在该校就读的学生毕业后，均可获得爱丁堡大学的毕业证书文凭或学位证书。爱丁堡大学的课程专业设置齐全，为鼓励学生跨学科学习，并授予联合学位。研究生占学生总数的20%以上。爱丁堡

大学还开设外延式课程,使学生能够在国外学习一年非学位课程。该校每年 10 月份开学,分春、秋、夏三个学期。每学期 10 周,圣诞节有 3 周假期,复活节有 4 周假期。

为了加强与世界各地的联系,爱丁堡大学设有校联系服务机构,负责安排申请的学生入学前对各个系、所的参观走访,帮助学生选择并申请适合自己的学院和专业。每年 6 月份,爱丁堡大学都设有参观开放日。学校已建成了欧洲最先进的高速光纤网络,所有学生均可以使用电子邮件、国际互联网以及联网微型电脑实验室。同时,除了皇家图书馆以及爱丁堡市图书馆之外,爱丁堡大学图书馆的规模堪称苏格兰之最。馆内藏书总计达到 250 万册。爱丁堡大学的语言中心全年为母语非英语的学生开设普通英语课程、专业英语课程以及英语补习课程。每位学生入学后,学校都会派给一名学习指导老师,负责指导学生选课,帮助专业学习及解决学习过程中遇到的难题,服务十分的热情周到。校内的体育设施包括设备齐全的体育中心,全天候绿荫球场以及位于苏格兰高地的中心运动场。爱丁堡大学体育联合会还参与协办了 49 家体育俱乐部。

爱丁堡大学十分注重学生的身心发展和饮食起居。学校的宿舍既包括传统的学生宿舍,又有设施完备的现代化公寓。所有来自欧洲联盟以外国家的单身、全年制、一年级学生均可以在宿舍住宿。校内有多处宿舍可供携带家眷的学生居住。此外,校方还可以帮助学生寻找私人出租的房屋。爱丁堡大学校内设立的帮助服务机构包括保健机构、咨询机构、外国留学生办公室与国际学生中心,该中心由 150 多个各类学生协会组成。

近年,来爱丁堡大学学习的学生越来越多。通常情况下,每个留学生每周生活费约计 140 英镑,包括住宿费、午餐费、洗衣费、邮寄费、电话费、

历史回眸

购衣、娱乐、旅游等,此外每年留学生买书需用约 200 英镑。留学生的学费依据不同专业学科而有所差异。一般学科 7000 到 9000 英镑不等,但兽医学硕士攻读 3～5 年,需 16200 英镑的学费,这也是学费最高的一门学科。此外,牙医专业的学费是 10755 英镑,也相当高。

在注重校友方面,爱丁堡大学的毕业生同样成立了一些著名的校友会,爱丁堡大学在全世界的许多国家均成立了校友联合会,定期组织成员聚会,并且可以提供有关在爱丁堡学习与生活的各种信息。目前,在校学生已成立中国学生联合会。

历史回眸

英国六所古老大学占两个之最的含义

爱丁堡大学是全英国六所古老大学中最晚成立的,但却是最具有划时代意义的大学。

爱丁堡大学不仅是苏格兰在宗教改革之后成立的第一所大学,也是英伦三岛地区(英格兰、爱尔兰及苏格兰)第一座不受宗教政治约束管制、富于自由气息的大学。这等形式的大学模式直接或间接地在英语系国家乃至于世界大学体系的发展过程中有着深远的影响。

爱丁堡大学的前身是KingJamesCollege。此学院是由当时的苏格兰国王詹姆斯六世(入继英格兰大统后衔名詹姆斯一世)于

詹姆斯六世

历史回眸

9

1582年颁布之敕令御准、1583年成立的。此外,由于该学院当时是受爱丁堡市政府的监督管辖,所以又被称为TounisCollege。

莱顿大学

　　爱丁堡市政府之所以支持成立一所自己的高等教育机构是有原因的。首要因素是在爱丁堡大学成立之前,苏格兰的学生若想追求在医学、法律及神学方面的专业训练,大多都前往欧洲大陆就学,尤其是到荷兰的莱顿大学及乌特勒克大学学习。这些学成归国之士带回专业知识贡献乡里,也引进了以荷兰为本的新教精神及自由作风,所以苏格兰地区的四所古老大学的历史发展与形式均和英格兰的牛津和剑桥有很大的不同,即此四所大学是属于所谓的"大陆式"大学。为了提供给苏格兰地区的学子一个高等专业养成教育的场所,以免劳累奔波至欧洲大陆求学,因而政

府支持成立。此外,爱丁堡大学的教学体制则是承袭了荷兰莱顿大学及瑞士日内瓦学院的精髓。

17世纪时,爱丁堡大学的学生大约是在15岁入学,他们需要花费四至五年的时间学习拉丁文、希腊文、伦理哲学、自然哲学及神学。当时的Regent(老师)并不分科,每个Regent(老师)轮流讲授各个不同的科目,学生和各个Regent(老师)吃住在一起,且有些学生还有家长所聘任的私人Tutor(家教)伴随以监督功课。在此时期,爱丁堡大学仅可算是地区性的人文及神学的学院。

同时,17世纪时曾发生两件影响重大的历史事件:一是1688年英王詹姆斯二世下诏确定爱丁堡大学的大学地位;另一个是象征大学权力的令牌于1651年开始使用。但该令牌不幸于1787年失窃,而于1789年另制一新令牌并使用迄今。

到了18世纪,随着大学的发展及专业的需求,不分科的Regent(教师)制度则逐渐由分科的Professors(教授)制度所取代。每一个Professor(教授)均有专门的讲堂以传授

历史回眸

詹姆士二世

不同的专业领域,而私人的 Tutor(家教)则演变为学校的公设制度,以监督考核所有学生的课业。同时,爱丁堡大学也逐渐成为欧洲法律、科学及医学的研究重镇,它的自由开放风气及专业学术训练不仅使英国本土的学生争相前往就学,同时也吸引了来自欧洲大陆和北美殖民地,乃至全世界众多的学生,爱丁堡大学因而成为一所国际性知名大学。

人们难忘爱丁堡大学校友美国开国元勋富兰克林所说:"世界上没有任何一所大学可以和爱丁堡大学相提并论"。同时,爱丁堡大学还有一些知名校友如哲学家休姆、历史学家罗伯森等领衔之下所推动的"苏格兰启蒙运动"更是成为现代理性思潮的基石。

19 世纪,爱丁堡大学的学术优越地位开始受到改革后的牛津、剑桥及伦敦等大学的竞争与挑战,

富兰克林

因此大学本身的结构也进行了大规模的改革。其中最重要的是学院的组态及以教学为基本单位的学系相继成立,这对学校行政及学术的分工奠立了基础。这一时期的爱丁堡大学已逐渐成为大英帝国文官及技术人员

历史回眸

的养成训练所,其中最具有代表性的校友有"天演论"的作者达尔文、电磁学家马克斯·韦尔、作家柯南道尔及史蒂文森和英国首相巴麦尊及罗素等人,他们不仅对英国乃至全世界均有显著的贡献。

牛津大学校园一景

20 世纪的两次世界大战对爱丁堡大学的影响巨大,众多优秀的学生及师资均捐躯沙场,所幸所有英帝国殖民地的官员校友和北美地区的校友热心支持而得以展开重建工作。

第二次大战后,爱丁堡大学在稳定中求发展,其中有三大变革:第一是平民化,这样使得一般百姓有机会进入爱丁堡大学,学生人数因而得到大幅增加;第二是大学重心逐渐走向以学术研究为主的高等教育机构,并且设置了各个研究中心与商业导向的公司以推销学术开发的产品;第三

历史回眸

则是大量投入金钱与人力于各个学术研究领域,尤其是新兴的应用技术诸如人工智能生物技术等。

普林斯顿大学校园一景

爱丁堡大学具有源远流长的历史和崇高的学术地位以及培养出的优秀人才,直接影响了多所世界知名大学,比如英格兰伦敦大学学院、加拿大麦基尔大学、美国普林斯顿大学、哥伦比亚大学医学院及宾州大学医学院等各大学不仅创办人是爱丁堡大学的校友,连初期师资也都是爱丁堡大学的校友所担任,因此这些大学的学制、课程及校风均承袭仿效了爱丁堡大学。可见,爱丁堡大学的确是名不虚传。

爱丁堡学派

在爱丁堡大学,不能忘记和不得不提的是影响爱丁堡过去、现在和未来的著名爱丁堡学派和关于它的一切。

爱丁堡大学

爱丁堡学派形成于20世纪80年代,是一个主要以英国爱丁堡大学的一些学者为核心,约由20位来自英国、荷兰、挪威、丹麦、德国、澳大利亚等国的学者组成的、以研究技术的社会形成理论为宗旨的学术流派。

历史回眸

15

技术的社会形成(SST)理论,秉承科学知识社会学的理论纲领,彻底摈弃了技术决定论,批判其技术单向决定社会发展的线性模式,主张从社会维度研究技术与社会的复杂关系。认为技术创新不能只看技术开发、设计人员的作用,应该重视技术产品的消费者、与技术创新有关的各种参与者和广泛的社会因素的作用,还要重视地方特色和相互协商、谈判的作用,技术创新具有不确定性,有可能失败。它重视实证的案例研究方法,并强调在科技政策中的应用。该理论和方法比较贴近技术创新和科技政策的实践。技术与社会研究是STS(科学、技术与社会)研究的核心内容之一。爱丁堡学派从社会角度对技术的研究,与其他学者从技术角度对社会的研究,互相补充,取长补短,对技术与社会关系的研究作出了贡献,促进了国际STS的发展。

什么是STS呢?STS(科学、技术与社会)是一门研究科学、技术与社会相互关系的规律及其应用,并涉及多学科、多领域的综合性新兴学科。无论是发达国家还是发展中国家,虽然处于不同的发展阶段,但都有不同的STS问题。STS研究的发展有赖于发达国家和发展中国家的交流和合作。爱丁堡学派关于STS(科学、技术与社会)发表了著名的论著,关于这一方面的相应国内论著也很多。"科学、技术与社会(STS)研究"部分,概述了STS的起源、内容、方法、争论和发展趋势,并对当代科技革命的本质和特点、风险和希望、科技预测、诺贝尔奖等进行了STS分析。"技术的社会形成(SST)理论",概括介绍了该学派的理论、观点、方法和历史渊源,在技术政策和咨询方面的应用,以及在信息网络技术、城市交通技术等领域和一些国家的案例研究。"社会的科学技术研究",阐述了"科学技术是第一生产力"和"人是生产力的首要因素"两者之间内在的统一性。论

述了科学技术,特别是高科技对经济社会、伦理道德、价值观念、心理活动、生态环境等的深刻影响,展望了未来信息社会、智能社会和生态文明社会的前景。"科学技术的社会研究",探讨了马克思主义的技术社会理论、技术建构论的本质观,还有应用技术的社会形成(SST)观,对鲍德里亚的媒体符号论、技术创新、技术管理、消费创新、经济民主、网络社群的自治伦理和全球化背景下科技发展的时空特性等,进行了比较深入的研究。"有德国特色的STS研究",论述了技术创新中持续和活力之间的张力,以及尤纳斯的高技术时代的责任伦理观。

在这一系列的相对应的文著中,体现出了人们赋予STS鲜明的时代感。学者们的论文都立足于STS在新世纪所面临的机遇和挑战这个时代的高度,从理论和实践等各个层面,努力探索STS在21世纪的发展趋势和需要研究的重大课题,以及多元文化的碰撞和融合。中国和欧洲分别代表东西方文化。英国和北欧的经验、分析传统,德国的理论、思辨传统,中国的整体、价值传统,学者们的论文反映了这种多元文化的碰撞和融合,反映了国际STS的重要进展。爱丁堡学派的技术的社会形成理论,是在发达国家中诞生的,中国的STS研究是发展中国家研究STS的一个典型,两者的结合及其成果的会议文集,就标志着国际STS的新发展。

20世纪,传统认识论、科学哲学、科学知识社会学(SSK)受到爱丁堡学派思想的影响,也已经成为相当关注的一个课题。

早在19世纪下半叶、20世纪初,西方有识之士就已经提出了两个非常引人注目的观点,一个是"上帝死了",另一个则是"理性化最终会导致扼制人性进一步发展的"铁笼"。初看起来,这两者似乎没有什么联系,其实不然。它们最重要的共同点在于提出了下列问题,即人怎样才能祛

历史回眸

除他(她)所直接面对的对象的神秘魅力,从而真正使对象处于其适当的位置上,能够"为人所用"。

人们通常认为,科学代表着开明和进步,而宗教则意味着愚昧和落后,因而"科学前进一步,上帝就后退一步",用科学驱逐和取代宗教是理所当然的。简单说这并没有错,但是实际情况并不是如此简单,否则,立足于科学技术发展的西方工业文明的发展,就不会造成我们今天看到的各种各样的严重问题了。研究者所应当关注的问题在于,人们在用科学驱逐和取代宗教的同时,是不是不知不觉地把自己以往针对宗教的信仰和感情转移到科学技术上来了? 近现代科学史已经表明,这个问题并不是不存在。尽管人们对科学家及其研究结果的态度没有对上帝的信仰那么虔诚和盲目,但这种态度仍然具有强烈的信仰特征,因而从某种意义上可以说,与西方现代化和理性化过程同时存在的"世界祛魅过程",实际上是与人们把这种"魅"赋予科学技术的过程同步进行的。这种"魅"就科学技术而言没有存在的合理性。

英国爱丁堡学派于 20 世纪 70 年代中期开始推出,人们以"知识与社会译丛"的名义系统译介的一系列科学知识社会学(SSK)重要著作,代表了西方学术界在这个方面进行的具有重要启发意义的新探索。当然,和任何一个新崛起的理论流派一样,SSK 也具有这样那样的弱点和缺陷,比如它的自然主义的经验论倾向未必能够解决它所提出的一系列问题,它的研究和论述所具有的相对主义倾向等等,但只要人们不以将"魅"赋予科学的"求全责备"态度对待它,而是客观集中地注意它所探讨的问题、探讨这些问题的出发点,以及它所运用的方法、研究程序和得出的结论,人们就可以非常清楚地看到,SSK 所力求做到的,正是通过运用各种各样

的经验性研究方法,祛除科学技术迄今为止所具有的"魅",也就是以理性和客观的态度对科学知识的产生过程进行最彻底的研究,使科学研究过程和科学知识本身同样接受科学态度和科学方法的审查和检验,进而打破人们有可能对科学抱有的种种不合乎实际和带有迷信色彩的幻想。显然,对于进一步推动人们的认识论和知识论研究,更加深入、系统、全面地认识科学知识乃至一般的人类知识的产生过程的方方面面来说,这种倾向和做法具有非常重要的启发意义。

具体说来,SSK 的基本观点认为,科学知识和其他一切人类知识一样,都是作为信念而处于一定的社会环境之中的人建构而成的,从这种意义上说,它本身并没有什么超凡脱俗之处。因此,作为人类学术研究的一个重要方面而存在的、对科学知识及其产生过程的学术研究,必须着眼于科学家在一定的社会现实环境之中进行的这种建构过程,通过运用社会学和人类学的各种经验性研究方法进行具体研究,打破人们以往认为科学真理所具有的"绝对正确"和"普遍有效"的神圣光环,使科学理论及其生产过程和人类其他知识及其形成过程一样,接受同样客观和严格的学术考察和研究。而这样一来,人们就有可能使科学本身"祛魅",使人们真正的能从社会建构的角度研究和讨论科学的各个方面。因此,尽管SSK 不是"知识社会建构论"的全部,但是当代西方学者仍然认为它是这种"建构论"最重要和最突出的组成部分之一。

SSK 最重要的代表人物之一大卫·布鲁尔,他所提出的知识社会学的"强纲领",不仅是这个理论流派的理论核心,也把上述这种基本观点集中表现了出来。它的基本内容是四个"信条":第一,应当从因果关系角度涉及那些导致信念和知识的条件;第二,应当同样客观公正地对待真

历史回眸

19

理和谬误、合理性和不合理性、成功和失败;第三,在说明真实的信念和虚假的信念的过程中,应当用同样的原因类型;第四,任何一种学说的说明模式,都应当同样能够运用于它自身。可见,这种"强纲领"最基本的特点和倾向,是把科学家的研究态度、研究范围和研究过程进一步全面化、彻底化———这不仅体现在它要求科学研究应当一视同仁地对待各个有关方面,而且体现在它还要求科学研究的方法和模式必须同样能够运用于研究科学本身。从表面上看,这种观点似乎并不具有什么相对主义色彩;但是,它的理论前提却是认为"所有科学知识都是社会建构的",换句话说,它认为"所有科学知识都是由处于一定的社会现实环境之中的社会个体建构的"。这样一来,特别是在现代西方学者看来,SSK 的相对主义色彩就昭然若揭了。

因此,无论人们怎样看待"以往的所有科学知识确实都是由处于一定的社会现实环境之中的个体创立的(用 SSK 的话来说即"建构的")"这个事实,人们都会面临一个至关重要的根本性问题:如果使科学祛魅、强调包括科学知识在内的所有人类知识都是由处于一定的社会现实背景之中的个体创立的,并且因此而开展进一步的研究,人类如何对待和处理知识的客观性与知识生产者所具有的相对性的关系?或者说,是不是对科学进行这里所说的"祛魅",就一定会导致彻底摧毁人类知识体系的相对主义?这是 SSK 向今天的研究提出的问题———虽然它自己并没有解决这个问题,现在也不可能回答这个问题,但是,这个问题却是人们当前的认识论和知识论研究所不可能回避的。其实,这也是人们重视、引介和研究扬弃 SSK 的意义之所在。

这样就谈到了科学的意义。海德格尔说,科学乃现代社会的根本现

象之一。现代科学的本质是什么？他说,科学的本质乃是研究,而研究的本质在于"认识把自身作为程式建立在某个存在者领域中"。

通俗点说,近代科学之所以成立,是因为它有许多形而上的预设,其一便是"世界是有规律的,并且是自然因果的";其二便是"这规律以数学的形式表达";其三是"通过某种程序可以揭示这些规律"。现代科学实验就是揭示或者验证规律的一个重要手段,它与中世纪经院哲学家罗吉尔·培根所说的实验完全不同。也就是说,存在着规律的观念,是先于观察和实验的。

20世纪的科学哲学有一整

海德格尔

套对应的理论,如法国科学史家、物理学家、科学哲学家迪昂早就提出,"物理学中的所有观察都是理论渗透的";汉森结合心理学的一些事实,把"观察渗透理论"作了充分发挥;逻辑学家奎因则利用逻辑工具把这一认识推到极致,甚至走向了整体论和相对主义。到了20世纪末,如果说科学哲学中有什么实实在在的具体进步,"观察渗透理论"肯定要算上一个。这一"平凡"结论的影响是多方面的,如对波普尔的证伪理论,它既有正面的影响也有反面的影响。

法兰克福学派哈贝马斯的《认识与兴趣》。"兴趣",德国用的是"In-

teresse"，与英文"interest"一样，有多种含义：旨趣、利益、兴趣等，汉语听起来却相差太多。哈贝马斯认为彻底的认识论必然具有社会理论的形式，它是人借助于工具活动和交往活动把握世界的实践过程。哈贝马斯指出，兴趣（关切）先于认识，它指导着认识，是认识活动的基础，而兴趣也只有借助于认识的效力才能实现自身。哈贝马斯说：指导认识的兴趣自身是理性的，认识的意义以及认识的自律的标准，如果不能追溯它同兴趣的联系，就不可能得到澄清。那么，究竟什么是"兴趣"？哈贝

中世纪经院哲学家罗吉尔·培根

马斯讲："我把兴趣称之为与人类再生产的可能性和人类自身形成的既定的基本条件，即劳动和相互作用相联系的基本导向。因此，这些基本导向所要达到的目的，不是满足直接的经验需求，而是解决一系列的问题。当然，这里说的解决问题只是试图解决问题。因为指导认识的兴趣不能由提出的问题来决定；提出的这些问题作为问题，只有在由这些问题所规定的方法论的框架内才可能出现。指导认识的兴趣只能以客观提出的维持生活的，而且已

美国逻辑学家奎因

经由存在本身的文化形式回答了的那些问题为准绳。"

哈贝马斯的上述观点与科学哲学线索得出的结论是完全一致的。一致性表现在如下方面:一是科学认识是继承性的,再伟大的科学家也不可能提出本质上越超其时代的科学理论。即使真的提出来了,它也不能社会化,因而不成为现实的科学理论。二是理论先于观察,兴趣先于认识,理论规定了能

法兰克福学派哈贝马斯

够观察到什么以及认识的深度。三是科学观察是渗透着理论的,科学认识是承载着利益(或译为兴趣)的。

如果说科学哲学或者社会批判理论侧重于从理论层面讨论"关切"与"认识"的关系,20世纪70年代在英国爱丁堡大学崛起,后来传遍全球的科学知识社会学(SSK)则从经验层面,以大量的科学案例,详尽的细节,经验性地展示了科学知识与利益(关切)的关系。他们的结论或者出发点便是:科学知识与其他知识没什么两样,都是利益(关切)相关的。然而,他们并没有否定科学知识的效力,反而认为科学知识的效力太大了。

在证明他们的基本想法(先有想法,想法如何得出并不重要。这同样

不违背他们自己的观点)的过程中,他们重构了许多科学史实,他们的行动也被称作"社会建构论"。在争取生存权时或者在独树一帜的过程中,他们特别采取了"区别战略",尽可能与所有流派"划界"。这样做有得有失。得于现在成了主流,失于把一些话说过了头,特别是过分强调了"社会"而忽视了"自然"。进入 20 世纪 90 年代,SSK 已经在做自身调整。"区别战略"已经退居二线。此时传统科学社会学与 SSK 也开始有限度地合作,然而,对于理解"何为科学",任何一种探索背景都不再具有特权地位(早先无疑科学哲学具有特权,后来变成了科学社会学),剩下的只是 sciencestudies,每一个视角就仅仅作为一个视角,充当 studies 中的一种 study。而科学之学成了类似生物之学(现在叫"生物学")的一类东西,按理叫"科学学"就结了,可惜"科学学"早有特定的含义,于是还要另找名字,中译名则更难找。

SSK 给了我们什么? 尤其是给了我们中国人什么? 答案是多方面的。然而最重要的一点是它瓦解我们内心深处"科学神圣论"的教条。具体来讲,现代社会是"平庸"的社会,现代科学也是平凡的、世俗的科学。不管科学的书面成果多么合理,从大尺度看它的得出一定是利益平衡的结果。说得再通俗些,就是你关注什么,你就认识什么;你的关注有多强,你的认识便有多深。把关注或者关切换成汉语的"利益"一词,或者换成"钱"一词,便是有多少钱就得多少认识,往哪投钱就得到哪方面的认识。人类基因组计划、超级超导对撞机、核科学、环境科学、艾滋病研究等,无不如此。就局部个案来讲,肯定有不相符的,有人挑衅似地宣称没有钱也可以搞科学、钱少也可以搞出高水平的科学,但从整体平均看,所说的一定没错。

难道思想家说了半天,就得出这么庸俗的结论? 的确,哲学、科学哲学与社会批判理论本身是值得尊重的人类思想活动,不乏智慧与洞见,但伟大真理往往离常识不远,只是普通人通常看不透,或者视而不见。

许多科学知识社会学(SSK)建构主义的论著的共同观点是:科学知识是被社会性地建构起来的,而不仅像科学家所认为的那样,是对自然事实的描述。其中《制造知识》一书的作者卡琳·诺尔‐塞蒂纳运用科学实证的方法,通过自己长期在科学实验室里观察科学家如何做实验并与

彭加勒　　　　　　　　　　爱因斯坦

科学家交谈而得到的大量证据,证明不仅科学理论是由科学家建构的,而且连作为科学知识坚实基础的科学事实也是被科学家在实验室中建构起来的,同时,在建构过程中常常是社会因素(而不是自然因素)起决定作用。她说:"对实验室的研究已经表明,科学对象不仅是技术性地在实验

历 史 回 眸

室中被创造出来,而且还是符号性、政治性地被建构……由这些实践而产生出来的'事实',也必须被看做是已经由文化所形成的东西。"这种观点当然受到了科学家的反击,《何为科学真理》就是这类反击的代表,其作者是当代著名物理学家牛顿。其实,科学知识的建构性质早就被科学家们认识到了,彭加勒、爱因斯坦和量子力学的建构者们都曾提到过。

科学家们当然不能承认是社会因素对科学知识的产生起了决定性的作用,因为在"小科学"时代,科学家基本上是凭个人兴趣研究科学的,而且许多古典科学定律背后的实验规律,是科学家们根据自然实在的信念辛辛苦苦找出来的。其实,科学研究的动力来自科学家的求知欲和好奇心,甚至是对美的追求。

但是SSK学者们站在"大科学"时代面前,也确实看到了社会影响对科学知识生产的决定作用。因为,在现代科学知识生产中的投资本身就是一种根本性的社会影响,没有这种社会投资,光凭科学家的个人兴趣,大型实验室也不可能建立起来。社会资金投向哪里,哪里就能产生出科学知识。在"大科学"时代里,哪里资金短缺,哪里就无法生产科学知识。这种社会影响对生产哪些科学知识,无疑具有决定性的作用。

遗憾的是多数SSK学者和科学家们,都没有从大处着眼,只盯着实证性的证据。争辩的双方各执自己的证据,甚至每一种实证性的证据都有可能被对方利用。这样就陷入了经验对理论的盲点,因此,争论会永无结果。

这里应该提出的问题是,首先,"究竟什么是知识?"其次,"究竟什么是科学知识?"其三,追问或争辩"科学知识是否是社会建构的"问题之意义何在? 这里的问题至关重要,并非没有人讨论,SSK学者中最深刻的思

想家巴恩斯在 1974 年出版的 SSK 奠基性的著作《知识与社会理论》一书的前言中就指出："本书通篇所使用的'知识'这一术语,其含义是指'已被接受的信念,而不是指正确的信念。'很明显,这一"知识"观念就已经带出了巴恩斯的立场。以"信念"来界定"知识",就已经把"知识"背后的客观性取消了。1976 年后,SSK 的另一位思想家布鲁尔在其著作《知识和社会意象》中对巴恩斯的"知识"概念作了进一步的修订和补充。他写道:"与把知识界定为真实的信念,对于社会学家来说,人们认为什么是知识,什么就是知识。它是由人们满怀信心地坚持、并且以之作为生活支柱的那些信念组成的。"这就更充分地说明了 SSK 关于知识的相对主义立场。"当然,必须把知识与纯粹的信念区别开来。"布鲁尔的这一补充,似乎与"(知识)是由信念组成的"的前论发生了矛盾。但他却满怀自信地继续说道:"我们通过用'知识'这个语词来专门表示得到集体认可的信念,同时把个体的和具有个人特征的信念当作纯粹的信念来考虑,就可以做到这一点。"

首先,它可分为知识分子集体认可的信念和非知识分子集体认可的信念。其次,知识分子集体认可的信念又可分为:本专业知识分子认可的信念和非本专业知识分子认可的信念。

一种知识对于本专业的知识分子来说,它是直接建立在对经验研究基础之上的,它是"经验 + 逻辑 + 学术传统"认知的产物。但这种知识对于非本专业知识分子来说,就只是建立在学习的基础之上,是"逻辑 + 学术传统"认知的产物。而这种知识对于非知识分子来说,最多是建立在传播的基础上,他们把它当做信念完全是大众传播中的"学术传统"的产物。

可见,同一种知识对于不同的群体形成不同的信念。或者反过来说,对同一种东西的信念,在不同的群体中形成不同的知识(因为不同的群体对同一种知识的理解会不相同)。

如果再考虑人文知识分子与科技、社科知识分子不同的集体信念,考虑有类似教徒体验者与没有这种体验者集体信念的不同,那么问题就会更复杂。譬如:

人们可以把知识分子集体认可的信念划分为:科技知识分子认可的信念;社科知识分子认可的信念;人文知识分子认可的信念。

也可以把非知识分子集体认可的信念划分为:世俗常人认可的信念和类教徒认可的信念。

因为人文知识分子(如画家、诗人、小说家、音乐家、哲学家、牧师……)和类教徒(艺术、哲学或宗教的迷恋者)的信念常常是建立在内心体验的基础之上,而科技、社科知识分子以及非知识分子等普通人的信念却总是建立在外在的经验基础之上,两者的信念有着无法弥合的距离。因此可做如下划分:

依靠外在经验的信念包括:科技、社科知识分子集体认可的信念;世俗常人集体认可的信念。依靠内在经验的信念包括:人文知识分子集体认可的信念;类教徒集体认可的信念。因此,如果按照巴恩斯和布鲁尔的"知识"概念来看待知识,势必造成人们知识观念的根本混乱。而且这种混乱已经在科学家与SSK的争论中发生了。

由于在SSK那里,知识被界定为信念,"知道什么"的问题就转换成了"相信什么"问题。这就从根本上回到了不可知论,对知识作了彻底的否定。而在科学家那里,根本的信念就是:客观实在是可知的。他们的工

作就是要发现实在、描述实在,建构关于实在的知识,而这种描述－建构,唯一的根据就是对实在的观察。(这种原则在 SSK 自己的工作中也是如此规定的,不知他们该对自己的工作评价为是在建构信念还是在描述对象?)

造成这种对立的原因,就是科学家没有理解、也不可能接受 SSK 的"知识"观念,他们不能容忍以"信念"代替"知识",更不能接受"知识"只是社会建构而完全没有描述客观真实的自然实在。

其实,"知识"只表明人们知道什么,它与真假对错无关,也与信念无关。所以,人们才有"正确的知识"和"不正确的知识"的说法,也有"可信的知识"和"不可信的知识"的说法。知识作为信息因人而异。一种知识对于不知道它的人是知识(信息),对于已经知道它的人就不再是知识(信息)了,它已经被溶进了这个人的信息控制系统。只有当他面对另外一个对此不知的人时,此知识才重新显现出来。也正因为如此,他才会被认为是有知识的,他比别人多知道些什么。但是在无交流时,大家显得同样的无知,知识分子与非知识分子的差别只在于文凭(学位和职称)。这样,由信息革命引起的信息产业、信息经济、信息社会也就顺理成章地可以被称为知识产业、知识经济、知识社会了。

当然,如果人们把"知识"看成是信息,那么人们的"知识"概念的外延会比 SSK 的概念外延更大,分层更多,因此,会不会造成更大的混乱?回答是否定的。因为这种观念,既符合 SSK 扩大"知识"概念外延的想法,也能够让科学家接受。因为,信息概念的外延可以容纳"信念"概念,而信息概念的内涵又不包含"信念"概念。双方各得其所,自然不会再去因"知识"概念的歧义而争吵。

但是,进一步的问题是,当人们从"知识"概念进到"科学知识"概念时,会不会重新产生歧义?那么,就来看看第二个问题:"究竟什么是科学知识?"

在科学家看来,科学知识总是由来自三方面的信息所组成:首先是来自客观实在的信息——通过人们的外在经验;其次是来自科学家们想象力的信息——对实在的描述和建构;其三则是来自科学传统的信息——这是经验和建构的基础。对于自然科学家来说,来自自然实在的信息是根本的,它决定着科学知识的价值。

牛顿

然而,在 SSK 学者看来,科学知识的构成中还应有来自社会的信息,而且科学传统主要是由信念——可信的信息构成的,甚至连科学事实——科学家眼中的实在也是靠信念建构起来的。

两种"科学知识"观念的对立,势必引起双方在许多问题上发生争论。牛顿的著作《何为科学真理》就是代表科学家集体向 SSK 学者集体的挑战发起的全面反击。但是反击者和挑战者双方都并没有充分意识到各自争辩的理由中包含着对"科学知识"概念理解的歧义。所以,各说各的理,也全然没有交锋。

其实,如果人们把"科学知识"分层,就会看到,双方并没有在同一层次上争辩,而是在不同层次上各说各的话。

历史回眸

政经巨匠

美国开国元勋富兰克林风范

人们常说:"时间就是金钱!"这让我们想到的是本杰明·富兰克林,因为这句话是他说过的。但是最让人们追忆的是他和他那令人永世难忘的功勋。

本杰明·富兰克林1706年出生在北美洲的波士顿,他是美国启蒙运动的开创者、科学家、实业家和独立革命的领导人之一。他的父亲原是英国漆匠,后来以制造蜡烛和肥皂为业,生有十个孩子,富兰克林排行第八。富兰克林八岁入学读书,虽然学习成绩优异,但由于他家中孩子太多,父亲的收入无法负担这么多孩子读书

富兰克林

政经巨匠

的费用。因此,富兰克林10岁时就离开了学校,回家帮父亲做蜡烛。就此,富兰克林结束了在校的读书生涯,他一生只在学校读了两年书。12岁时,他到哥哥詹姆士经营的小印刷所当学徒,他白天工作,晚上刻苦自学。"时间比金钱更宝贵"是他的座右铭。他通过自己的努力,利用一切空闲时间刻苦自学,通晓了法语、意大利语、西班牙语和拉丁语,还大量阅

政经巨匠

波士顿风光

读了欧洲各国的历史、哲学、文学著作,同时,对自然科学和政治经济学也有很深的研究,他的第一部著作是他研究经济问题的成果。马克思在说明价值和劳动关系时,借用过富兰克林引用的一个例子,而且指出:"他是首先发现价值的真正实质的人中的一个。"虽然当了近10年的印刷工人,但他从未间断过学习,他从伙食费中省下钱来买书。同时,利用工作之便,他结识了几家书店的学徒,将书店的书晚间偷偷地借来,通宵达旦地

阅读,第二天清晨便归还。他阅读的范围很广,从自然科学、技术方面的通俗读物到著名科学家的论文以及名作家的作品。

就是在当学徒的这段时期里,富兰克林把在学校曾两度考试不及格的算术又学了一遍,还读了赛勒和舍尔梅的关于航海的书,从这些航海的书里,他接触到了几何学知识。他还读了洛克的《人类的悟性》和波尔洛亚尔派的作者们写的《思维的艺术》。富兰克林的学习也因此日渐深入。

1723 年富兰克林离开了波士顿,到费城的基末尔印刷所和英国伦敦的帕尔未和瓦茨印刷厂当工人。1726 年秋,富兰克林回到费城,这时他已掌握了精湛的印刷技术,开始独立经营印刷所,印刷和发行《宾夕尼亚报》,并出版了《可怜的李查历书》,当时被

华盛顿

译成 12 种文字,行销于欧美各国。

后来富兰克林领导美国人民完成了独立革命,成为和乔治·华盛顿同享盛誉的领袖人物。富兰克林成名之后在北美殖民地的文化传播和社

政经巨匠

会福利方面做了大量工作。他先后组织建立"共读社""美洲哲学会"、印刷厂、图书馆、书店、医院、大学、报社等学术团体和文化机构。他对宾夕法尼亚市政的革新、谷物的生产、新式火炉的设计、电学的研究、避雷针的发明都有建树。

"共读社"初建于 1727 年秋，是他和几个青年在费城创办的，他们还组织了小型图书馆，帮助工人、手工业者和小职员进行自学。每星期五晚上，讨论有关哲学、政治和自然科学等问题。这时富兰克林还不到 30 岁，通过刻苦自修，已经成为一个学识渊博的学者和启蒙思想家，在北美的声誉也因此日益提高。在富兰克林的领导下，"共读社"存在了 40 年之久，后来发展为美国哲学会，成为美国科学思想的中心。

本杰明·富兰克林不仅是美利坚合众国的缔造者之一，更因其光辉的人性而名垂史册，成为美国乃至全世界人民心目中的楷模！

尤其可贵的是，富兰克林在 20 多岁的时候，就提出以 13 项美德来完善

卡耐基

自己的人格修养，使他自己在为人处世、待人接物方面臻于完美。这一举

政经巨匠

动改变了富兰克林的人生轨迹,使他后来成为世人仰慕的精神楷模,就连世界著名的成功学大师戴尔·卡耐基、拿破仑·希尔和奥格·曼狄诺对他也推崇备至,将他列为成功人生的导师。

富兰克林晚年根据自己的经历写成的《自传》,两个多世纪以来一直是世界出版史上的优秀畅销书,世界各国青年深受其影响,许多人因为这本书而彻底改变了自己的人生,走上了成功的道路。书中提出的13项美德修养给后人提出了标准。

富兰克林13项美德修养是:

1. 节制。食不过饱,饮酒不醉。

2. 沉默。说话必须对别人或你自己有益,要避免无益的聊天。

3. 生活秩序。将每一样东西放在它们应该放的地方,每件日常事务应当有一定的时间。

4. 决心。做应该做的事情,决心要做的事应坚持不懈。

5. 俭朴。花钱必须于人于己有益,换言之,切忌浪费。

6. 勤勉。不浪费时间,只做那些有用的事情,戒掉一切不必要的行动。

7. 诚恳。不欺骗人,思想纯洁公正,说话也要如此。

8. 公正。不做害人的事情,不要忘记履行对人有益而且又是你应尽的义务。

9. 中庸适度。避免极端,要容忍别人对你应得的处罚。

10. 清洁。身体、衣服和住所力求清洁。

11. 镇静。不要因为小事或普通的、不可避免的事故而惊慌失措。

12. 贞节。除非为了健康或生育后代,不常进行房事,永远不要因为

政经巨匠

房事过度而伤害身体或损害你自己或他人的安宁或名誉。

13.谦虚。仿效耶稣和苏格拉底。

费城风光

1736年，富兰克林当选为宾夕尼亚州议会秘书。1737年，任费城副邮务长。虽然工作非常繁重，可是富兰克林仍然每天坚持学习。为了进一步打开知识宝库的大门，他孜孜不倦地学习外国语，先后掌握了法文、意大利文、西班牙文及拉丁文。他广泛地接受了世界科学文化的先进成果，为自己的科学研究奠定了坚实的基础。

富壮克林是资本主义精神最完美的代表，18世纪美国最伟大的科学家，著名的政治家和文学家。他一生最真实的写照是他自己所说过的一句话"诚实和勤勉，应该成为你永久的伴侣。"

富兰克林是一位优秀的科学家，关于捕捉雷电的故事说明了这一点。

1746 年，一位英国学者在波士顿利用玻璃管和莱顿瓶表演了电学实验。富兰克林怀着极大的兴趣观看了他的实验，并被电学这一刚刚兴起的科学强烈地吸引住了。随后富兰克林便开始了电学的研究。富兰克林在家里做了大量实验，研究了两种电荷的性能，说明了电的来源和在物质中存在的现象。在 18 世纪以前，人们还不能正确地认识雷电到底是什

富兰克林风筝试验

么。当时人们普遍相信雷电是上帝发怒的说法。一些不信上帝的有识之士曾试图解释雷电的起因，但都未获成功，学术界比较流行的是认为雷电是"气体爆炸"的观点。

在一次试验中，富兰克林的妻子丽德不小心碰到了莱顿瓶，一团电火

政经巨匠

闪过,丽德被击中倒地,面色惨白,他足足在家躺了一个星期才恢复健康。这虽然是试验中的一起意外事件,但思维敏捷的富兰克林却由此而想到了空中的雷电。他经过反复思考,断定雷电也是一种放电现象,它和在实验室产生的电在本质上是一样的。于是,他写了一篇名叫《论天空闪电和我们的电气相同》的论文,并送给了英国皇家学会。然而富兰克林的伟大设想竟遭到了许多人的嘲笑,有人甚至嗤笑他是"想把上帝和雷电分家的狂人"。

面对这些朝笑,富兰克林决心用事实来证明一切。1752年6月的一天,阴云密布,电闪雷鸣,一场暴风雨就要来临了。富兰克林和他的儿子威廉一道,带着上面装有一个金属杆的风筝来到一个空旷地带。富兰克林高举起风筝,他的儿子则拉着风筝线飞跑。由于风大,风筝很快就被放上高空。刹那,雷电交加,大雨倾盆。富兰克林和他的儿子一道拉着风筝线,父子俩焦急的期待着,此时,刚好一道闪电从风筝上掠过,富兰克林用手靠近风筝上的铁丝,身体立即掠过一种恐怖的麻木感。然而他却抑制不住内心的激动,大声呼喊:"威廉,我被电击了!"随后,他又将风筝线上的电引入莱顾瓶中。回到家里以后,富兰克林用雷电进行了各种电学实验,证明了天上的雷电与人工摩擦产生的电具有完全相同的性质。富兰克林关于天上和人间的电是同一种东西的假说,在他自己的这次实验中得到了光辉的证实。

风筝实验的成功使富兰克林在全世界科学界的名声大振。英国皇家学会给他送来了金质奖章,聘请他担任皇家学会的会员。他的科学著作也被译成了多种语言。他的电学研究取得了初步的胜利。然而,在荣誉和胜利面前,富兰克林没有停止对电学的进一步研究。1753年,俄国著

政经巨匠

名电学家利赫曼为了验证富兰克林的实验,不幸被雷电击死,这是做电实验的第一个牺牲者。血的代价,使许多人对雷电试验产生了戒心和恐惧。

但富兰克林在死亡的威胁面前没有丝毫畏惧与退缩,经过多次试验,他制成了一根实用的避雷针。他把几米长的铁杆,用绝缘材料固定在屋顶,杆上紧拴着一根粗导线,一直通到地里。当雷电袭击房子的时候,它就沿着金属杆通过导线直达大地,房屋建筑完好无损。1754年,避雷针开始应用,但有些人认为这是个不祥的东西,违反天意会带来旱灾,就在夜里偷偷地把避雷针拆了。然而,科学终将战胜愚昧。一场挟有雷电的狂风过后,拆掉避雷针的

避雷针

大教堂着火了;而装有避雷针的高层房屋却平安无事。事实教育了人们,使人们相信了科学。之后,避雷针相继传到英国、德国、法国,最后普及世界各地。

富兰克林对科学的贡献不仅在电学方面,他的研究范围极其广泛。在数学方面,他创造了八次和十六次幻方,这两种幻方性质特殊,变化复

杂,至今尚为学者称道;在热学中,他改良了取暖的炉子,可以节省四分之三燃料,被称为"富兰克林炉";在光学方面,他发明了老年人用的双焦距眼镜,戴上这种眼镜既可以看清近处的东西,也可看清远处的东西。他和剑桥大学的哈特莱共同利用醚的蒸发得到负二十五度(摄氏)的低温,创造了蒸发制冷的理论。此外,他还对气象、地质、声学及海洋航行等方面都有研究,并取得了不少成就。

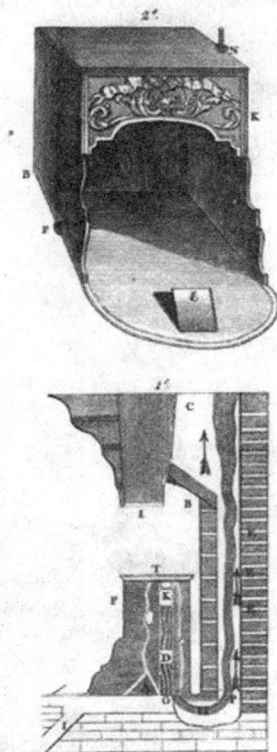

富兰克林炉

此外,富兰克林还是一位杰出的社会活动家,他一生用了不少时间去从事社会活动。富兰克林特别重视教育,他兴办图书馆、组织和创立多个协会都是为了提高各阶层人的文化素质。

正当他在科学研究上不断取得新成果的时候,由于英国殖民者的残暴统治,北美殖民地的民族解放运动日益高涨。为了民族的独立和解放,他毅然放下了实验仪器,积极地站在了斗争的最前列。从 1757 到 1775 年他几次作为北美殖民地代表到英国谈判。独立战争爆发后,他参加了

政经巨匠

第二届大陆会议和《独立宣言》的起草工作。1776 年,已经 70 高龄的富兰克林又远涉重洋出使法国,赢得了法国和欧洲人民对北美独立战争的支援。1787 年,他积极参加了制定美国宪法的工作,并组织了反对奴役黑人的运动。如今,如果说谁是最伟大的美国人? 答案是华盛顿,也许是林肯,甚至是比尔·盖茨,但美国人却告诉我们:是本杰明·富兰克林。

美国历史上最杰出的政治家、科学家、发明家、商业家、文学家、教育家、出版家、外交家……富兰克林头上的光环林林总

哈特莱

政经巨匠

总,他一生的涉猎之广无比惊人,仅在科学领域,他的研究就涉及物理、数学、光学、热学、植物学和海洋学。他还发明了避雷针、新型路灯、节能烤炉、双焦距眼镜、活动梯式折叠凳、玻璃琴等。他创建的"北美科学学会"中,先后有 95 名会员获得诺贝尔奖。然而,使富兰克林成为"第一美国偶像"的真正原因却是———这个出生于贫苦肥皂作坊主家庭,只上过两年学的穷孩子的奋斗经历和成功事例,最生动地演绎了一个普通人白手起家的"美国梦",成为"知识改变命运"的典型,以及资本主义精神完美体

现的例证。富兰克林作为美国开国元勋具有自己的政治家故事,也有令人惊讶的他从暴风雨中捕捉雷电的科学传奇。不要说他是偶像,其实他更是一个合格的公民。

政
经
巨
匠

富兰克林是一个精明能干的商人,同时又是极度慷慨的科学家。他在发明高效取暖炉后,拒绝申请专利,并且声称发明应该为公众利益服务。富兰克林的乐善好施出于他的集体天性和宗教信仰,善待人类是他认为最神圣的事情。他有许多发明,如静电发生器、漂亮的古玻璃琴等等,其中最重大的发明是避雷针,这是他广泛实验后的成果。

玻璃琴

富兰克林在55岁那年准备退出政坛,悉心研究科学,但是宾夕法尼亚立法机关派他去伦敦解决一起有关土地征税的争端。当时佩恩家族拒绝为他们占有的大片土地缴税。富兰克林本来估计这只是一次短暂的旅行,没想到一走就是7年。当他返回美国时,正值费城进行州议会选举。在这之前,他已经连续14年担任州议会的议员,但这一次他却落选了,因为领主佩恩家族极力要毁掉他的政治前途。富兰克林和其他人决定向英王请愿,把宾夕法尼亚变成英国的直辖殖民地,从而永久地剥夺佩恩家族

的控制权。虽然已经不是议员，但州议会还是委托富兰克林前往英国交涉，这次旅程历时达 10 年之久。

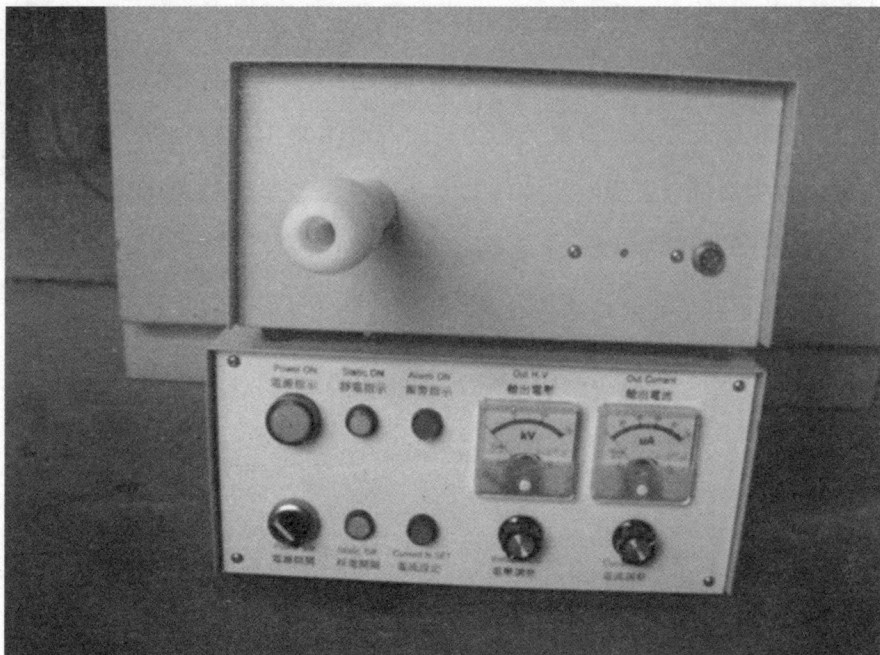

静电发生器

1775 年 5 月 5 日，富兰克林回到了费城。两个半星期前，这座城市已经准备投入一场战斗中，起因是盖吉将军手下的一支英国部队在莱克星敦和康科特街与武装民兵发生了冲突。当时伦敦已经下令逮捕富兰克林，因此他毫不犹豫地投入到了起义大军的行列。除了成为美洲殖民地第二届会议的代表外，富兰克林还负责一些重要的委员会。1776 年夏天，他加入一个 5 人委员会，负责起草宣告美国独立的文件。托马斯·杰斐逊起草了宣言的初稿。富兰克林觉得杰斐逊在表述"真理"这句话时

使用的"神圣和不容否定"不够确切,他建议修改为"我们认为这是不言自明的真理"。

由于急需武器,美国决定向法国寻求帮助,富兰克林被派往法国完成这一重要使命。尽管年事已高,但他还是接受了使命,这就意味着他又要和女儿萨拉以及外孙们分离。因为富兰克林追求美国的独立,这也给自己的个人生活带来了影响。他的儿子威廉是一个坚定的英帝国追随者,在美国独立的问题上无法与父亲达成共识,这使得儿子与富兰克林断绝了往来。同时,富兰克林还和许多英国朋友断绝了往来。

当时,70岁的富兰克林身体虚弱,痛风和肾结石折磨着他。但就在美国国会通过《独立宣言》的当天,他便启程前往法国,伴随他的是一个新生国家的希望。在法国到处都是密探和双重间谍,富兰克林小心翼翼地筹措资金、安排装卸武器的船只,巧妙地处理被美国武装民船扣押的货运船。一方面他是个骄傲的反对王权和贵族的人,同时他又不排斥帮助美国独立的法国贵族和

路易十六

政经巨匠

王室成员。随着与路易十六及玛丽·安东尼特王妃见面的日子越来越近，富兰克林更加小心谨慎。他每跨出去一步都充满危险，因为当时他只是一名没有正式任命的外交使节，代表的又是一个尚未被承认的国家。

不过，从富兰克林个人的角度来看，他在法国获得了空前的成功。富有感染力的个性使他在法国如鱼得水，他被邀出席盛大的宴会、贵族的沙龙，人人都赞美他这位知名的电学家，他使整个法国都沸腾了起来。当约翰·亚当斯抵达法国加入美国代表团时，发现这里的每个人上至内阁部长下至旅馆的女侍都知道这位博士先生。富兰克林的肖像随处可见，挂在壁炉架上，垂在表链下，刻在装饰盘、徽章、戒指上，印在外衣、帽子、鼻烟壶上，更让亚当斯惊异的是，富兰克林似乎拥有吸引所有女性的魅

约翰·亚当斯

力，因为各种年龄的女人都喜欢簇拥这位仪表堂堂、头发稀疏、备受痛风折磨的 70 岁老头，希望赢得他的注意。

在法国期间，富兰克林一方面想方设法让法国承认美国，同时又冒着生命危险巧妙地解决武器的运输，并谋求军事上的同盟。1778 年法国和

政经巨匠

美国正式结盟,这时富兰克林与约翰·杰伊和约翰·亚当斯一起被派往英国,运用各种手段力争在不得罪同盟国法国的前提下,和英国进行和平谈判。1783 年 11 月 30 日,美国与大英帝国正式签订了《巴黎和约》。据说,当天富兰克林穿的衣服正是 10 年前他在英国枢密院受尽辱骂时所穿的那件。但这一次恰如他所代表的新生国家,他把过去的耻辱转化成了今日的胜利。

1785 年春天,美国政府终于同意了富兰克林回国的请求。法国人民对他恋恋不舍,然而富兰克林说尽管他爱法国,不过还是希望在自己的祖国度过余生。当年富兰克林是以说客的身份去法国的,离开时他成了一个主权国家的代表。

在 6 个星期的返航途中,80 岁的富兰克林忍受着肾结石所带来的病痛,还坚持测量和记录海水温度,那是一项他坚持了 30 年的研究———绘制湾流图。回到费城的旧宅后,富兰克林本想完全退出政治生活,但是没过多久,他又被选为宾夕法尼亚的代表,加盟联邦制宪会议。在 1787 年夏天的制宪会议上,各州代表争论激烈。虽然富兰克林个人的力量微乎其微,但他还是设法使激烈辩论的双方达成了某种妥协。在新宪法拟定的最后一天,他发表了一份声明:"对宪法中的部分条款,我并不完全赞成,但我不能肯定我永远不会赞同,因为许多我过去以为是正确的观点现在发现却是个错误……"所以他要求参加会议的代表们审视一下自以为一贯正确的立场,像他一样在文件上签写自己的名字。于是,宪法通过了。

躺在病床上的富兰克林给一位法国科学家写了封信:"我们的新宪法出台了。它应该会永远生效,但是这个世界上只有死亡和征税是确定无

疑的……"1790 年 4 月 17 日晚上,84 岁的富兰克林溘然长逝。他的离去在美国、法国和英国都引起了不小的震动,尤其是法国。法国参议院为他默哀。在法国人看来,他们更加重视、爱戴富兰克林,更懂得欣赏他的才华。美国总统乔治·华盛顿这样评价他:"因为善行而受景仰,因为才华而获崇拜,因为爱国而受尊敬,因为仁慈而得到爱戴,这一切将唤起人们对你的亲切爱戴。你可以得到最大的欣慰,就是知道自己没有虚度一生。"

热爱生活的富兰克林,从北美沿海一个默默无闻的港口城镇走来,成长为那个时代的风云人物。他的奇闻轶事如同一笔财富流传了下来。他的一生是自我奋斗、自我教育、自我完善的过程,在众多不同的领域都取得了巨大的成就。在那些视美国人为未开化民族的人面前,富兰克林以他的美德和睿智向全世界重新定义了"美国人"。

富兰克林度过的最后一个冬天是在亲人呵护中度过的。1790 年 4 月 17 日,夜里 11 点,富兰克林溘然逝去。那时,他的孙子谭波尔和本杰明正陪在他的身边。4 月 21 日,费城人民为他举行了葬礼,两万人参加了出殡队伍,为富兰克林的逝世服丧一个月以示哀悼。本杰明·富兰克林就这样走完了他人生路上的 84 度春秋,静静地躺在教堂院子里的墓穴中,他的墓碑上只刻着:印刷工富兰克林。

经济学家亚当·斯密与《国富论》

提起亚当·斯密,他的声誉显赫全球,家喻户晓。亚当·斯密是1748年到爱丁堡大学讲授修辞学与文学的。

亚当·斯密(1723—1790年),是英国古典政治经济学的主要代表人物之一。他的代表作《国富论》(全称《国民财富的性质和原因的研究》)早已被翻译成十几种文字,全球发行,是第一部伟大的完整的政治经济学著作。他本人也因此被奉为现代西方经济学的鼻祖。

亚当·斯密出生于苏格兰的克科第的一个海关官员的家庭,他的父亲是海关审计员。亚当·斯密14岁考入格拉斯哥大学,

经济学之父——亚当·斯密

学习数学和哲学,17 岁时转入牛津大学。值得一提的是,格拉斯哥是当时苏格兰的工业中心,或许亚当·斯密对经济学的兴趣就是在他 14 岁的时候发生的。

格拉斯哥大学校园风景

1746 年亚当·斯密回到爱丁堡,后经人介绍在当地公开讲学,其内容很广,从修辞学到历史和经济学。1751 年他返回格拉斯哥大学讲授逻辑学,次年担任道德哲学讲座。他讲的道德哲学包括神学、论理学、法学和政治学四个部分。他的伦理学讲义后来经过修订在 1759 年作为《道德情操论》出版,奠定了国富论的心理学基础。他认为人是受感情驱使的动物,同时又有思维能力和同情心进行自我节制。这种双重性既使人们互

政经巨匠

51

相竞争，又使人们能够创造社会制度来缓和两败俱伤的竞争，甚至把竞争变成共同利益。他反复写道：追求自我利益的人常常被"一只看不见的手"牵着走……一己的私利变成社会的公益，最终促进了全社会的利益，同时也为他赢得了声誉。而他关于法学和政治学的讲义包含了贸易、价格、税收等财政经济问题，表明他在这个时期已经开始研究政治经济学。亚当·斯密在格拉斯哥一直居住到 1764 年，这使他有可能长期实地观察这个工业中心的经济生活。他曾积极参与当地的社会活动，尤其是经济学会的活动，并积极支持瓦特改进蒸汽机的实验活动。

格拉斯哥大学校园风景

1761 年他任格拉斯哥大学教授。他交游甚广，除学者名流外，也有

政经巨匠

大商人,从而接触到详细的贸易资料,这对他后来写国富论大有裨益。

1763 年他辞去教授职务,担任年轻的巴克勒奇公爵的私人教师,次年陪同公爵旅游欧陆。在巴黎认识法国重农学派的首领魁奈等人,这对亚当·斯密的经济思想有一定影响。回伦敦后他被选为皇家学会会员。

1767 年,他辞去私人教师的职务,返回家乡克科第埋首于《国富论》的写作。

1776 年,凝聚了亚当·斯密十年心血的《国富论》终于问世。此书实际上是道德情操论的续篇。亚当思密把人类历史的发展分为四个阶段:1.原始狩猎阶段;2.游牧农业阶段;3.封建采邑农业阶段;4.商业上互相依赖阶段。他的历史进化观和马克思虽有相似之处,但是也有很大的不同。马克思指出历史发展的动力是阶级斗争,亚当·斯密则断言历史发展的动力是人

政经巨匠

马克思

性,即为改善自身状况的愿望所驱使而又受理智所引导的人性。他说人类由封建社会进化到最后的商业上互相依赖的新阶段,就需要产生新的

制度,例如工资由市场决定而不由行会决定,企业要自由而不要政府限制。

亚当·斯密一再抨击主张垄断国内外贸易的重商主义,主张自由放任,反对政府干涉。他说,经济上不加限制,任其自由竞争,就会增加财富,这是人性使然。

此书一出,极受英国资产阶级的欢迎与褒誉,因为它为实行自由放任的经济政策提供了理论根据。(注:在 1688 年的"光荣革命"后,英国的经济政策还是以重商主义为主,这实际上是封建残余在经济方面的表现,违背代表时代发展方向的处于工业革命初期的产业资产阶级的自由贸易的要求。)亚当·斯密成了最受欢迎的经济学家,《国富论》的观点成了国会议员的常用论据,甚至连当时的英国首相皮特也自称是斯密的学生。不知不觉间,亚当·斯密达到了他一生中最风光得意的时刻。

1777 年,即国富论出

政经巨匠

《国富论》中译本

版后次年,亚当·斯密被任命为苏格兰海关与盐税专员,此后一度任格拉斯哥大学校长。

1778 年,他出任爱丁堡的海关专员,1787 年一度出任格拉斯哥大学的校长,但在经济理论上再也没有什么新成就。

无论如何,不可否认的是,《国富论》的确是一部划时代的巨著。它概括了古典政治经济学在形成阶段的理论成就,它最早系统地阐述了政治经济学的各个主要学说,它标志着自由资本主义时代的到来。

亚当·斯密并不是经济学说的最早开拓者,他最著名的思想中有许多也并非新颖独特,然而他首次提出了全面系统的经济学说,为该领域的发展打下了良好的基础。因此完全可以说《国富论》是现代政治经济学研究的起点。

该书的伟大成就之一是摒弃了许多过去的错误概念。亚当·斯密驳斥了旧的重商学说。这种学说片面强调国家贮备大量金币的重要性。他否决了重农主义者的土地是价值的主要来源的观点,提出了劳动的基本重要性。斯密重点强调劳动分工会引起生产的大量增长,抨击了阻碍工业发展的一整套腐朽的、武断的政治限制。

《国富论》的中心思想看起来似乎是杂乱无章的自由市场,实际上是个自行调整机制,自动倾向于生产社会最迫切需要的货品种类的数量。例如,如果某种需要的产品供应短缺,其价格自然上升,价格上升会使生产商获得较高的利润,由于利润高,其他生产商也想要生产这种产品。生产增加的结果会缓和原来的供应短缺,而且随着各个生产商之间的竞争,供应增长会使商品的价格降到"自然价格"即其生产成本。虽然谁都不是有目的地通过消除商品短缺来帮助社会,但是问题却解决了。用斯密

政经巨匠

的话来说，每个人"只想得到自己的利益"，但是又好像"被一只无形的手牵着去实现一种他根本无意要实现的目的……他们促进社会的利益，其效果往往比他们真正想要实现的还要好"。

但是如果自由竞争受到阻碍，那只"无形的手"就不会把工作做得恰到好处。因而斯密相信自由贸易，为坚决反对高关税而申辩。事实上他是坚决反对政府对商业和自由市场的干涉。他声言这样的干涉几乎总要降低经济效益，最终会使公众付出较高的代价。斯密当时虽然没有发明

托马斯·罗伯特·马尔萨斯　　　　大卫·李嘉图

"放任政策"这个术语，但是他为建立这个概念所做的工作比任何其他人都多。

有些人认为，亚当·斯密只不过是一位商业利益的辩护士，然而这种看法是不正确的。他经常反复用最强烈的言辞痛斥垄断商的活动，并且坚决要求将其消灭。斯密对现实的商业活动的认识也并非天真幼稚。

政经巨匠

56

《国富论》中记有这样一个典型观察："同行人很少聚会,但是他们的会谈不是策划出一个对付公众的阴谋就是炮制出一个掩人耳目提高物价的计划。"

亚当·斯密的经济思想体系结构严密,论证有力,因此使经济思想学派在几十年内就被抛弃了。实际上亚当·斯密把他们所有的优点都吸收进了自己的体系,同时也系统地披露了他们的缺点。斯密的接班人,包括像托马斯·马尔萨斯和大卫·李嘉图这样著名的经济学家对他的体系进行了精心的充实和修正(没有改变基本纲要),今天被称为经典经济学体系。虽然现代经济学说又增加了新的概念和方法,但这些大体说来是经典经济学的自然产物。在一定意义上说,甚至卡尔·马克思的经济学说(自然不是他的政治学说)都可以看作是经典经济学说的继续。

在《国富论》中,亚当·斯密还在一定程度上预见到了马尔萨斯人口过剩的观点。虽然李嘉图和卡尔·马克思都坚持认为人口负担会阻碍工资高出维持生计的水平(所谓的"工资钢铁定律"),但是亚当·斯密指出在增加生产的情况下工资就会增长。事实已经十分清楚地表明亚当·斯密在这一点上的正确,而李嘉图和马克思在这一观点上则是错的。

除了亚当·斯密观点的正确性及对后来理论家的影响之外就是他对立法和政府政策的影响。《国富论》一书技巧高超,文笔清晰,拥有广泛的读者。斯密反对政府干涉商业和商业事务、赞成低关税和自由贸易的观点在整个 19 世纪对政府政策都有决定性的影响。事实上他对这些政策的影响今天人们仍能感受到。

自从亚当·斯密以来,经济学有了突飞猛进的发展以致他的一些思想已被搁置一边,因而人们才低估他的重要性。但实际上他是使经济学

政经巨匠

说成为一门系统科学的主要创立人,因而是人类思想史上的主要人物。

亚当·斯密的晚年生活富裕宁静,1790 年逝世,终年 67 岁,未婚。两个多世纪以来,他一直是经济思想史上卓越的思想家。

从前,经济学只是附属于哲学的学问。而亚当·史密斯把前人零星片段的经济学加以整理,经过融会贯通,令经济学独立于哲学,成为一门专门的学科,因此,他被尊称为"经济学之父"。

政经巨匠

别 样 记 忆

鸦片贩子查顿与鸦片战争

查顿 1784 年生于苏格兰，18 岁从爱丁堡医学院毕业以后，就来到东印度公司的商船上当医生，这一干就是 14 年。

19 世纪初期，英国教会组织非常活跃，他们从宗教和人道主义立场出发，针砭社会恶疾，因此拥有强大政治影响力。比较突出的是当属新教福音派人物维伯弗斯领导的"圣徒"组织，是英国废奴运动的核心，正是他们坚持不懈的努力，促成了 1834 年"废除奴隶制法案"的通过。这个时期，教会组织成为英国的良心，为英帝国主义在海外的殖民掠夺行径设置了一个道义底线。

鸦片贩子查顿

废奴运动胜利以后,数年间英国教会组织失去了奋斗目标。幸好这

英国东印度公司澳门分公司

虎门销烟

时英国的殖民扩张并不缺乏劣迹,同时 1839 年从中国传来消息,清朝政府开始雷厉风行地禁烟,一批英国的鸦片商人被拘留,而价值 250 万英镑的鸦片被销毁。代表商人利益的政治势力立刻要求英国政府出兵,解救人质,并且逼迫中国政府承认鸦片贸易的合法地位;然而英国圣公会也立刻行动起来,强烈谴责鸦片贸易是邪恶行径,应予以禁绝,抨击政府用纳税人的钱补偿鸦片商人。

1840 年 1 月,英国议会两院开会之际,中国的鸦片危机已经成为焦点话题,但是迫于社会舆论的压力,英国外相巴麦尊公开表示,政府不会为补偿鸦片商人的损失而花费一分纳税人的钱,但在出兵的议题上仍然含糊其辞。

1840 年 2 月,英国在野的保守党领袖皮尔爵士在下议院提出议案,谴责政府出兵中国解决鸦片危机。此案如果得以通过,则可以有效阻止英国发动鸦片战争。这样在英国议会大厅里展开的一场激烈的政治角力,将决定中国以后一百年的命运。

别样记忆

巴麦尊

了解历史的人都知道,促使英国大规模向中国走私鸦片的原因,是英国对中国巨大的贸易逆差,主要源于英国从中国大量的茶叶进口。1664年,当时的英王达尔文二世得到了两磅来自中国的茶叶馈赠,从那以后短短50年里,茶成为英国人最喜爱的饮品,每年从中国进口茶达1200万磅,而英国政府对茶叶进口课税是100%,使其成为政府的一项主要财政来源之一。因为茶叶关系到英国的国计民生,所以国会甚至立法规定东印度公司必须经常保持一年供应量的存货。1701年到1759年,英国从中国的进口额2600万英镑,而向中国的出口仅仅900万英镑,贸易逆差惊人。为了扭转贸易逆差的现象,东印度公司费尽心机,终于找到了鸦片这种毒品。

罂粟花

鸦片俗称大烟,是由罂粟果中的汁液提炼而成的。罂粟原产于土耳其,后来传至阿拉伯、印度,到英国殖民时期,印度成为世界上最大的罂粟产地。罂粟是一种美丽的草本植物,其花色彩鲜艳,有猩红、橙红,粉红或白色几种;其果实呈球状,内含白色的汁液。罂粟果汁含有大量的生物

碱,吗啡因、可卡因、那可汀等化学物质,从罂粟中提炼而成的鸦片具有提神、止泻、镇痛、辟瘴等作用,中国从唐朝时就有从阿拉伯输入少量的鸦片作为药材。荷兰殖民主义者为了毒害爪哇人民,稳固其殖民统治,从1659年开始将鸦片销往巴塔维亚(今雅加达),以后100年里,每年有100吨的鸦片运来爪哇销售,使吸食鸦片的恶习传遍了南洋地区。18世纪初,大约每年有200箱的鸦片从南洋流入中国,这才引起了清政府的注意。1729年,雍正皇帝颁布了中国历史上的第一道禁烟令。

东印度公司从一开始就了解中国对鸦片的禁令。自从垄断印度罂粟生产以后,东印度公司并不想从事鸦片贸易,触犯中国法律,而危及其他在中国合法商品的贸易。1772年,东印度公司总督黑斯廷认为鸦片"不是生活必需品,而是一种有害的奢侈品,应该禁止销售",并建议英国政府严控鸦片在国内的消费。但因为东印度公司遭受的财政困境迫使黑斯廷改变了他的鸦片政策。当时中国对外贸易

雍正皇帝

只接受西班牙的一种银币结算。美国独立战争爆发以后,西班牙支持北美殖民地,和英国关系破裂,英国也因此失去了银币来源,无法支付中国的茶叶货款。于是在黑斯廷谴责鸦片是"有害奢侈品"十年后,东印度公司两艘商船满载3450箱(每箱为140磅)鸦片驶往中国,开始了英国对中国长达135年的鸦片贸易。从此以后,销往中国的鸦片逐年增加,到1804年使英国取得了对中国贸易的收支平衡。

在1820年以前,东印度公司相当明智地将输往中国的鸦片控制在

美国独立战争

五千箱以内,并把价格保持在较高水平,这样使鸦片只在小范围内消费,不至于引起政府的关注。1820年以后,这种局面被打破。由于蒸汽机的大量使用,英国纺织工业生产能力大增,开始向印度倾销廉价的纺织品。印度因此出现大量贸易逆差,所以不得不大幅度增加对中国的

鸦片出口。1820 年输入中国的鸦片为 4244 箱,1830 年就剧增至 18956 箱,1838 年更增至 4 万箱。大英帝国的"东方三角贸易体系"(即英国的纺织品输往印度,印度的鸦片输往中国,中国的茶叶、丝绸输往英国)中,鸦片贸易是最重要的一环。到鸦片战争前期,英国和中国的贸易占整个海外贸易的六分之一,而鸦片占所有中国贸易的三分之二。鸦片战争前的十年间,中国出口额为 700 万银元,进口额(主要是鸦片)竟高达 5600 万元。

1833 年,英国议会取消了东印度公司同中国贸易的权力。在这前后,大批商行应运而生,迅速填补了东印度公司留下的空白。这些商行当中最著名的应属怡和洋行。怡和洋行由英国商人查顿和马地臣于 1832 年 7 月 1 日组建。以后的数年间,怡和洋行成为规模最大的鸦片走私集团,而查顿被广东商人称为"大班"。

1807 年,查顿离开了东印度公司,先效力于几间小商行,然后成为马

1820－1834年输入中国的鸦片箱数

年代	输入广州和澳门的箱数			走私国别及其走私箱数				
	巴公司数	本公司数	合计	英国	葡萄牙	美国	法国	其他国
1820	4244	7806	12050	8181	2569	1000	300	
1821	5959	6678	12637	6326	4628	1383	300	
1822	7773	10992	18765	14465	4000		300	
1823	6535	12322	18857	14245	4172	140	300	
1824	9934	7250	17184	10473	6000	411	300	
1825	7873	7979	15852	15552			300	
1826	11675	7714	19389	12625	6308	156	300	
1827	11154	7950	19104	12104	6700		300	
1828	12868	8451	21399	12612	7171	1256	300	
1829	16257	8735	24992	17102	6875	715	300	
1830	19956	13950	33906	20078	12100	1428	300	
1831	16550	12863	29413	26826	1883	402	300	
1832	21985	8450	30435	22905		380	300	6850
1833	20486	2400	22886	19523	2100	963	300	
1834	21885	300	22185	21885			300	

1835－1839年输入走私鸦片数量

年代	输入箱数	走私国别及其走私箱数				
		英国	葡萄牙	美国	法国	其他国
1835	34700	30202	/	/	300	4198
1836	35076	34042	/	734	300	/
1837	44673	34373	/	10000	300	/
1838	40500	40200			300	/
1839	50350	50000		50	300	/
累计	205299	188817	/	10784	1500	4198

鸦片走私数量图

别样记忆

列
样
记
忆

格尼亚克商行的合伙人。1828年,查顿遇到了出身苏格兰贵族的马地臣,两人志同道合,后来一起组建了怡和洋行。查顿和马地臣优缺点互补,配合默契,查顿是出色的战略家和谈判高手,而马地臣是优秀的管理人才,负责洋行的金融财务。怡和洋行除了走私鸦片以外,其他业务还包括将香料和蔗糖从菲律宾进口到中国;将中国的丝绸和茶叶出口到英国;办理货运票据和保险;出租码头和仓库;以及提供进出口信贷等等。

丝绸

查顿性格专横自负,他的办公室没有为客人准备的椅子,来访者必须站着说话。一次查顿到广州分行视察,发现分行出现人事危机,雇员和管理层势不两立,业务陷入瘫痪。然而查顿接过这个烂摊子,只用几天工夫就将各方面摆平,使分行恢复运营。在和清朝官员的一次交涉中,愤怒的围观群众扔石头击中查顿的脑袋,查顿不仅毫发无伤,而且面不改色,查顿也因此被当地人称为"铁头老鼠"。

查顿对清朝政府外强中干的实质有清醒的认识,很早就主张用武力

打开中国国门。他说："中国地大人稠，只要全面通商，我们有多少就可以卖多少。面对这样一个几艘炮舰停在岸边开几炮就可以制服的政权，我们不能允许大英帝国的贸易受制于他们的反复无常之下。一场同中国的战争能够带来硕果累累，我毫不怀疑。"为此查顿特地派遣马地臣于 1834 年回到英国，去游说当时的英国外相———滑铁卢战役的英雄但是威灵顿公爵。但是威灵顿公爵对此事不感兴趣，马地臣后来写道"被这个愚蠢而傲慢的老家伙羞辱。"查顿于 1838 年亲自前往英国游说。

1839 年，道光皇帝派林则徐到广东禁烟。林则徐雷厉风行，于 3 月 27 日扣押广州城里包括马地臣、颠地等大小鸦片贩子，勒令他们交出囤积的鸦片。驻广州的英国商务总监义律向商人们许诺政府会赔偿他们的损失，才说服这些要钱不要命的走私犯陆续将鸦片交出去。两个多月后，收缴的两万多箱鸦片在虎门被销毁。这些鸦片按照当时的市价约

林则徐

值 1000 万英镑，但英国政府只愿意按成本价补偿鸦片商人，也就是 250 万英镑。

别样记忆

查顿在英国得到虎门销烟的消息立刻行动起来,他纠集数百名商界的头面人物联名向英国外相巴麦尊递交一份请愿书,要求出兵解决"中国问题"。查顿还准备了一份文件,包括详细的作战计划、地图、兵力部署和向中国提出的赔偿要求等等,这份文件史称"查顿密件",也是英国后来发动鸦片战争的主要决策依据。

林则徐虎门销烟

1839 年 10 月 1 日,英国内阁会议正式作出出兵中国的决议。《泰晤士报》立刻刊出头条:"向中国宣战了!"英国好战分子将一个热气球升上天空,气球上悬挂大幅标语,号召征服中国,将其变为一块殖民地,成为英国王冠上更大的一颗宝石!《孟买公报》醺醺然地幻想着:"请想象一下这样的情景:中国的皇帝成为领取大英帝国退休金的傀儡,而来自英国的总督管理着中国的事务!"人们兴致勃勃地谈论,如果印度是英国的金矿,

中国会是英国的白金矿！整个英国沉醉于开疆拓土的帝国梦想和对巨大利润的幸福展望之中。

事实上，当时大多数英国人都明白鸦片的危害。每年有大约300箱鸦片从印度流入英国，制成鸦片酊，主要售给底层的劳工和贫民，导致相当严重的社会问题。一些重要的英国政坛人物也染上了烟瘾，比如印度的征服者克莱夫，就是死于过量吸食鸦片。一个名叫赛华尔的圣公会牧师特地撰写了题为"鸦片贸易在中国的罪恶"的传单，得到广泛关注，在《伦敦泰晤士报》全篇转载。

英国商人（Charlesking）金在广州被扣押期间写信给

义律

义律，请求他终止鸦片贸易。这封信也被圣公会制成了传单到处散发。处于风暴中心的商务总监义律内心非常矛盾。他在给巴麦尊的信中，一方面坚决支持出兵中国，这样写道："在我看来，面对（中国）这种不公正的暴力行径，最好的回应是不假任何言辞的迅猛一击。"另一方面，义律也赞同英国教会组织对鸦片贸易的谴责，信中说："没有人比我更憎恨强加

于中国海岸的罪恶走私行径,这和海盗行径并无二致。作为政府官员,我一直在力所能及的范围内谴责这种行径,并且因此得罪了我生活多年的社区里的许多私交。"义律并不知道,对鸦片贸易的强硬态度将葬送他的前程。

1840 年 3 月在英国下议院举行的一次辩论中,年仅 30 岁的保守党议员格拉斯通对鸦片贸易发出最强烈的声讨。格拉斯通出身利物浦的一个贵族家庭,早年在牛津大学学习古典文学和数学,23 岁就当选为保守党议员。格拉斯通对鸦片的厌恶有他个人的原因。格拉斯通的妹妹海伦一

牛津大学校园一景

次生病使用了鸦片酊止痛,结果不幸上瘾,成为当时英国贵族圈子里的一桩丑闻。格拉斯通为了给海伦戒毒想尽办法,还带她去意大利治病,然而却是劳而无功。回到英国后格拉斯通精神崩溃,大病一场,直到议会辩论

别样记忆

前才痊愈。

　　针对保守党领袖皮尔提出的谴责案,下议院举行了一场事关中国前途的辩论。面对反对党的指责,89 岁的国防大臣、历史学家麦考雷身上裹着一面米字旗,诉诸最低等的爱国主义情绪,提醒大家鸦片贩子们"来自一个从不知失败、屈服和羞辱为何物的伟大国度,"并声称"我殷切期望这场辩论能够导致辉煌的结果,使大英帝国的威名和财富都得以维护。"格拉斯通此时站了出来,发表了他一举成名的演说:"他(指麦考雷)是否知道走私进入中国的鸦片都来自英国在印度的港口? 而我们的政府没有采取任何措施制止这种非法走私? 如果我们能遏制印度罂粟的种植,阻止鸦片从印度港口输出,摧毁伶仃岛上的仓库,斥之为道德沦丧之行径,我们即使不能根除,也可以重创鸦片贸易。"

　　"他们(指中国政府)提前要求你们放弃走私贸易,当你们拒不从命时,他们有权利以继续从事邪恶的走私行径之罪名将你们驱逐出境……我认为正义在他们一边,而当这些半开化的异教徒们站在正义的一边,我们这些文明开化的基督徒们却从事着与正义和教义相背离的行径……我不知道世上还有其他非正义的战争更甚于此,每一步的处心积虑都将使这个国家蒙受永久的耻辱。现在,被高贵的爵爷(麦考雷)裹在身上的旗帜,已经变成了一面海盗旗,为臭名昭著的毒品走私保驾护航。"

　　格拉斯通还指出中国政府禁绝和没收鸦片并不是挑战英国权威、侵犯英国利益,而是行使主权的正当行为。他甚至冒着断送政治前途的风险,替中国政府在广州英国会馆附近的井里下毒的举动辩护,认为这是为了驱逐鸦片贩子的合理做法。格拉斯通明白公众立场已经倾向于出兵,因此没有要求执政党停止战争准备。

然而,巴麦尊的反诘将中国鸦片的泛滥归罪于消费者,而不是销售者。鸦片贸易在中国属于"一方愿买,一方愿卖",如果英国停止鸦片贸易,其他国家诸如土耳其和美国等等会立刻填补英国离去的空白,供应数以千万计渴望的中国消费者,使英国白白损失每年数百万英镑的税收。言外之意,虽然英国明白鸦片的危害,但其带来的财政收入太重要,英国已经欲罢不能。巴麦尊还将鸦片贸易和整个中国贸易混为一谈,他当堂朗读了查顿请愿书的片段:"除非政府采取强有力的措施,同中国的贸易将无法在保证生命财产安全、对大英帝国有利可图的条件下进行。"

但是巴麦尊并没有忽视社会上反对鸦片贸易的呼声,他冠冕堂皇地声称:"英国政府绝不想质疑中国政府禁止鸦片贸易的权利。"英国皇家海军到中国去,不是为了促进鸦片贸易,而是保护英国侨民,防止人质危机再次发生,维护英帝国主义的尊严。如果鸦片贸易因这次军事行动而蓬勃发展,这也只是自然而然的结果,而不是原因。

英国财政大臣白令质询巴麦尊,出兵中国的军费从何而出?本届政府债台高筑,国库几乎破产,近三年每年的财政赤字高达100多万英镑。国防大臣麦考雷提出了一个创见:让中国人掏钱。麦考雷认为和中国的战争将速战速决,然后英国可以用武力迫使中国赔款,以支付军费和补偿鸦片商人的损失。

巴麦尊的功利主义显然比格拉斯通的道义原则更有说服力,在随后进行的投票中,反对党的谴责案被下议院以271票对262票否决,这9票之差决定了中国以后100年的命运。

1840年6月1日,商务总监义律的堂兄、海军上将懿律率领3艘74门炮的战列舰、5艘巡洋舰、8艘护卫舰以及4艘蒸汽炮艇,护送满载4000

名苏格兰和印度士兵的运输船,从新加坡杀气腾腾地驶向中国。7月5日,英国舰队开始进攻舟山群岛,两天攻下定海。英国舰队后面紧紧跟着43艘鸦片商船,定海陷落以后成为鸦片贸易的中转站,5个月之内有1.2万箱鸦片在这里转卖中国内地。

英国舰队司令懿律开始还竭力阻止鸦片贩子发战争财,但议会批下的军费很快告罄,无奈懿律只得发售债券筹集军费。他发现鸦片贩子们是债券的唯一买家,也就对他们的勾当不闻不问了。马地臣在日记里写道:"懿律将军在舟山禁止鸦片贸易的举动,表现出他对鸦片贸易的恶意,和商务总监义律如出一辙,这种恶意曾经给我们带来许多麻烦,使我们非常不安。但是显然他们除了借用鸦片销售的货款,没有其他办法筹集军费,我们认为懿律将军将不可避免给鸦片贸易一些活动余地。"

尾随英国军队而来的除了鸦片贩子,还有传教士医生。英国教会组织见无法促使政府禁止鸦片贸易,只得跟在后面尽力做一些亡羊补牢的工作。一个名叫洛克哈特的伦敦传教士协会代表在定海开设了一个医疗中心,专门救治鸦片中毒的病人,具有讽刺意味的是,这个医院由英军士兵站岗守卫。到1840年底,该医院收治病人1600名。

罂粟种植

别样记忆

1841 年 6 月，自由党政府垮台，皮尔爵士领导的保守党上台执政。虽然保守党在野时强烈谴责鸦片贸易，上台以后却继续自由党政府发动的鸦片战争，充分体现了英国议会民主政治的两面性和虚伪性。1843 年，中、英签订《南京条约》，中国赔款 2100 万元，割让香港，开放广州、上海、宁波、厦门和福州通商，进口税降至 5%。虽然答应了英国绝大多数条件，清政府坚决拒绝鸦片合法化，英国迫于国内舆论压力，没有再坚持，但警告中国政府不得干涉鸦片贸易。英国要求的鸦片合法化直到 15 年以后的《天津条约》才得以实现。

中国的鸦片进口从此以后逐年增长，1858 年增至 7 万箱，1880 年更增至 10.5 万箱，达到最高点，吸食鸦片的人口达到 4000 万。这以后，鸦片进口逐年下降，其原因是从 1858 年鸦片合法化以后，清朝为了抗衡印度鸦片的进口，缓解贸易逆差，开始鼓励鸦片自给。很多省份把宝贵的耕地全部或大部改种罂粟，导致后来的数次大饥荒。边远地区的罂粟种植一直持续到新中国成立。

1906 年，清政府再次试图拔除鸦片这个社会毒瘤，而这一次英国政府也予以配合，双方相约以十年为期，逐步减少鸦片的种植和贸易。到 1917 年，英国全面停止了对中国的鸦片进口，此时距离东印度公司向中国贩运第一船鸦片已有 135 年。费正清评论道，英国对中国的鸦片贸易是"现代持续时间最长，组织最有效的国际犯罪"。

查顿众望所归，于 1841 年当选为英国国会议员。1843 年，查顿得暴病身亡，终年 58 岁。

查顿推波助澜的鸦片战争留给中国人的是永世的反思和痛苦的回忆。

学 术 光 辉

达尔文的学医生涯

　　1825 年 10 月，达尔文成了爱丁堡大学的一名学生，当时他还不到 17 岁，比规定入学的年龄小一岁多。

　　在距离伦敦 220 千米、距离西海岸约 100 千米的地方，有一座英国的古城施鲁斯伯里。弯弯曲曲的塞文河在这里转了个急弯，把一个由小山形成的半岛围了起来，河湾的直径有几千米。这个城市很早就在这个河湾里发展起来，城市的街道逐渐往小山的顶端扩展。塞文河大桥把施鲁斯伯里与城的四郊联结起来。从市里往西北方向走去，通过威尔

达尔文

学术光辉

士大桥,沿着塞文河岸再走半千米,在弗兰科尔区就可以看见施鲁斯伯里的近郊以及坐落在塞文河岸的悬岩峭壁之上的一座三层红砖楼房。这座楼房是罗伯特·瓦尔宁·达尔文医生在 1800 年建成的。医生的第五个孩子,即后来的伟大博物学家达尔文,于 1809 年 2 月 12 日就诞生在这座楼房里。

楼房的所在地叫"山丘"(芒特),楼房的旁边有一个花园,花园里种有供观赏的植物和果树。有一条小路穿过峭壁,在这条叫作"医生路"的旁边长着一棵栗树,树枝相互平行地弯曲着。这是达尔文小时候喜爱的一棵树,他和他的妹妹凯瑟琳在树上都有自己的特殊"座位"。靠近楼房有一个非常好看的暖花房。

罗伯特·瓦尔宁·达尔文医生是一个身材魁梧的人,身高 1.88 米,很胖,体重约有 160 千克。罗伯特·达尔文作为一个医生享有很高的声望。他对人的关心,他那博得人们信任的本领和他那高度敏锐的观察力(这使他总是能够预先准确地说出病的发展经过)对他的成功都起了促进作用。他在 21 岁

大学时期的达尔文

(这时他在莱丁大学获得了医学博士的学位)以前就开始行医了,在施鲁

学术光辉

斯伯里刚行医半年就诊治了四五十个病人。这样,他一开始行医就能够完全靠自己的收入为生。他很能博得人们的信任,所以许多病人往往不只是向他诉说自己的健康状况,而且还把自己的忧虑和不幸讲给他听。达尔文说他父亲是"人们当中最聪明的人",因此他对父亲无限信赖。达尔文在回忆父亲时,常常列举几件描述父亲具有敏锐的洞察力的趣事。例如,达尔文听父亲说,有一些到他这里来就医的妇女总是哭哭啼啼,使他感到难受。这位医生很快就发现,愈是请她们不要哭,她们哭得愈厉害。因此,后来他就鼓励她们哭,说这能使她们感到痛快,这样一来他就得到了相反的结果:啼哭停止了,于是他就可以听她们述病,然后进行诊断。

达尔文的父亲后来与达尔文祖父的朋友老乔赛亚·韦季武德(他是著名的英国"韦季武德"美术瓷器厂的创办人)的女儿苏桑娜结了婚。在达尔文8岁时母亲就去世了,正如他自己所说:"除了她临终时睡的床、黑丝绒长衣和结构奇特的针线桌之外,我几乎记不起关于她的任何事情了。"除了达尔文,家中还有他的大哥伊拉司马斯和四个姐妹。在他们中间,他同比他大6岁的苏桑娜和最小的妹妹凯瑟琳最亲近。

母亲去世那年(1817年),达尔文开始进凯斯先生的学校学习,他在学习上赶不上小妹妹凯瑟琳。不过他却有另外一些兴趣,即在搜集方面显示出浓厚的兴趣:他收集矿物、贝壳、硬币和图章。应当指出,在家庭成员中只有他特别爱好收集,他的哥哥和四个姐妹都不进行收集。就在这时他已经对自然史产生了兴趣,他竭力要弄清楚各种植物的名称。在他童年时代所表现出来的另一个特点也是很有趣的,就是他喜欢长时间地单独散步,散步时他总是专心致志地进行思考。有一次他在走过施鲁斯

伯里的旧城堡旁的一条小道时，由于只顾思考，忘了看地面，就从七八英尺高的地方失足跌了下去。他喜欢钓鱼，常常拿着钓鱼竿接连几个小时坐在塘边或河边。他在搜集鸟蛋时，从每个鸟窝里他只拿走一个鸟蛋，从不多拿一个。每当他想起他在幼小的时候曾经无缘无故地揍了小狗一顿这件事时，他一生都感到内疚。

第二年，即1818年，达尔文被送进别特列尔博士主办的一所旧式学校学习，在这里他学了7年。他是个寄宿生，但是他却常常在校方每天两次点名之间的那一长空当里跑回家去，因为他在家里有自己的爱好和兴趣。他在家总要呆到最后一分钟才离去。为了不迟到，他只得拼命跑步去学校。

剑桥大学校园一景

校长别特列尔先生是利奇菲尔德大教堂的神父，还在剑桥大学学习时，他就因自己写的希腊颂诗得过两枚奖章。无怪乎学校所进行的是一种严格的古典教学，学校对作诗特别重视。达尔文虽然没有作诗的才能，但是他收集了大量旧诗，并加以剪裁，在同学们的帮助下，他也就能够很容易地作出任何题目的诗篇来。

鹈 鹕

学校里学的是古文，读的是古罗马人和希腊人的著作，并且还要背诵。背诵对达尔文来说是很容易的，但是两天以后他就把所背会的东西同样容易地忘掉了。只有贺拉斯的某些诗篇使他得到唯一真正的快乐。学校还讲授古代史和地理。

达尔文对别特列尔的这所学校十分反感。在这所学校里，他是一名中等生，甚至还是一名落后生，所以他认为在这所学校的那段时间是一个

学术光辉

"空白"。

虽然讨厌这所学校，但是达尔文却有各种各样的校外兴趣。例如，他曾跟一位家庭教师学习欧几里得几何，当他了解了对定理的一些明确的论证方法时，他就感到非常满意。当有人向他说明如何使用晴雨表上的游标时，这也使他感到非常高兴。

不过，他做的主要事情还是搜集。他一面收集矿石，一面努力设法找到一些有新的名称的新矿石。他还收集各种昆虫，他在十岁时就对地方动物志相当熟悉，而读了鸟类学方面的书籍之后，就开始对鸟类习性进行观察，并作出各种标记。他在这样小的年纪就十分喜欢"在刮风天的傍晚沿着海滨散步，观赏那些沿着奇怪而又错误的路线飞回家去的海鸥和鸬鹚。"

在达尔文快要毕业时，他的哥哥伊拉司马斯对化学发生了兴趣，并在一个棚子里搞起了一个小试验室。达尔文经常帮助他，并且认真地读了几本化学方面的书籍。当达尔文在实践中了解到了试验方法的奥妙之后，便对化学入了迷。但是别特列尔的学校反对他从事这一工作：别特列尔博士曾当众斥责他白白地浪费时间，而同学们则给他起了个"瓦斯"的外号。

在毕业前不久，达尔文又迷上了打猎。在他 15 岁时，他曾去探望住在伯明翰附近的萨缪埃利的姑父哥尔顿（他的妻子是他父亲的妹妹），姑父常带着他这个侄子去打猎，并给了他一支猎枪。当他们打猎归来时，姑父开玩笑地对他说："鸟儿正站在树上笑你哩。"达尔文也笑了起来，可是这个玩笑刺伤了他。不久哥尔顿来到芒特，达尔文把他叫到花园里，以胜利的姿态表演给姑父看，他是怎样射中抛到空中的手套的。

至于谈到他当时的文学兴趣，正如他后来所回忆的那样，他常常坐在学校深深的窗户洞里入迷地阅读莎士比亚的历史剧；他还阅读诗人汤姆逊的《四季》诗以及刚刚出版的拜伦和华尔德·司各特的长诗。

当他对诗歌失去兴趣而感到不快时，就骑马到城外郊游，这使他有机会欣赏大自然的风景，这种娱乐他也一直保持到晚年。

还有一个特点应该指出：看来在当时达尔文就具有一种温和可亲的、善于交际的性格。他在同学当中有许多朋友，他对他们非常留恋，非常热爱。

爱丁堡城曾经是苏格

著名诗人拜伦

兰的首都，有着悠久的历史文化，这里又叫"北方的雅典"。它和古希腊的雅典一样，是一座名城，也是一个学术中心。

父亲对达尔文在别特列尔先生那里的学习情况很不满意，有一次他严厉地对儿子说，"你关心的只是打猎、玩狗、捉老鼠，这样下去你会使你自己以及我们全家都要蒙受耻辱的"。于是，他让达尔文提前退了学，并于1825年10月派他随同他的哥哥伊拉司马斯一起进了苏格兰的爱丁堡大学，伊拉司马斯一年前就已经在这里学习了。父亲作出的这项决定，可

能是受了儿子这年夏天表现出的对行医发生了兴趣的影响。

古希腊雅典卫城

早在施鲁斯伯里时，达尔文就已开始给一些病人、主要是妇女和儿童看病。他对每个情况都作了记录，把一切病症都记载下来，并且读给父亲听，父亲让他对病人再作一些检查，告诉他下什么样的药，然后由达尔文自己去配制。在达尔文那里，有时会同时有 12 个病人，于是父亲发觉，达尔文就像他本人那样也善于博得病人的信任。他之所以设法把儿子送进爱丁堡大学医学系学习，是希望儿子将来能踏着父亲和祖父的足迹走，成为一个高明的医生，这是完全可以理解的。

其实，对于学习医学，达尔文并不是十分的反感，过去的几年，只要一有时间，他就会去父亲的诊所里帮忙，父亲对病人的态度以及病人对父亲的尊敬让他很敬佩也很羡慕。他对学习医学充满了信心，梦想自己也会成为像祖父和父亲一样的好医生，能为更多的人治病。

来到爱丁堡后，达尔文制订了周密的学习计划，一心想给父亲一个惊喜，他要用最好的成绩向父亲汇报。

爱丁堡风光

达尔文在离学校很近的西恩街 11 号租了一间房子，房东麦凯夫人为人善良，当她听说达尔文没有母亲后，对他格外地关心，每当达尔文夜里学习至深夜，她都会为达尔文加一顿晚饭，让达尔文在异乡感受到家一样的温暖。

在爱丁堡大学，达尔文选学了邓肯博士的学课，亚历山大·门罗教授的人体解剖学课，还有托马斯·霍普教授的化学课。老师们浓重的苏格兰口音让达尔文听着很别扭，可是他还是认真地听好每一节课。直到有一天，有了一次"可怕的回忆"后，他的学习观念开始动摇了。

那是达尔文来到爱丁堡大学后的不久，他看见一个病人在这里接受

学术光辉

治疗,然而仍没有逃过死亡的劫难。这里的医生不仅对病人的痛苦束手无策,而且还把交不起药费的病人轰出门外,这让达尔文想到医生和病人的金钱关系,因此开始怀疑这里的医学水平。

上"人体解剖学"课时,老师讲课的内容越来越枯燥;药物学课老师生硬的教学方法,更是让他无法接受。

在这样的情况下,达尔文只好往图书馆里跑,去查自己喜欢的资料。在图书馆里他是快乐的,全然没有了课堂上的烦恼。

达尔文来爱丁堡时,哥哥在这里学习医学还差一年就要毕业,兄弟俩偶尔聚在一起。达尔文发现图书馆也是哥哥常常光顾的地方,并且哥哥在图书馆里看的书,也有和医学无关的。

爱丁堡大学校园一景

一天,哥哥对达尔文说:"你整天学植物学和动物学方面的东西,为什么不努力争取得到一个医学学位呢?"

达尔文说:"还是你去继承爸爸的职业吧!"

哥哥说:"你会比我学得更好的,其实我对医学也感到厌烦,为了不让爸爸失望,你一定要好好学习。"

哥哥的话让达尔文感到惊讶,他没有想到哥哥竟和自己一样也对医学没有兴趣。可一想到爸爸对他们的期望,达尔文无言以对了。

达尔文清楚地知道自己来这里的目的,于是,他又忙着学习医学知识。他去图书馆的次数少了,去诊所的时间多了,和病人面对面地接触,获得学医的临床经验。

很快,达尔文成了学校诊所里的主要人物,特别是当他用大剂量的硫黄糖浆治好病人,用吐洒石治好病人后,他对自己将来成为一个好医生更有信心,还立下了要为更多的病人解除痛苦的志向。他

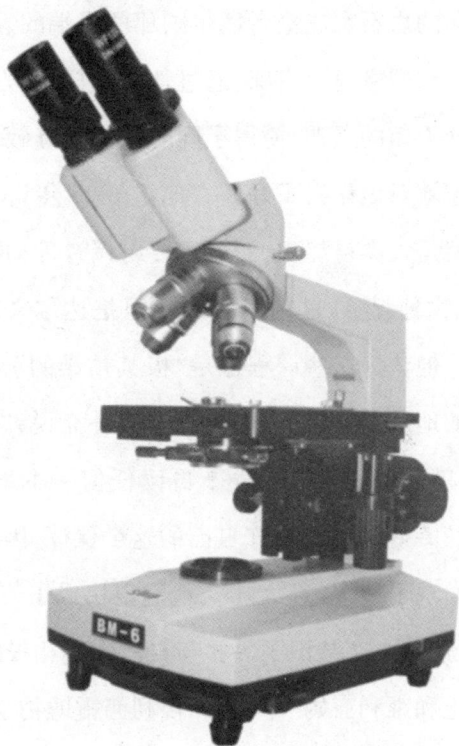

显微镜

在给爸爸的信中谈到了自己学习医学的感受,爸爸从他身上看到了希望。

第二年,学校开设了产科学、物理学和自然史三门课程,这些课程都是达尔文喜欢的,当时在爱丁堡大学讲授自然史的教授是罗伯特·詹姆逊。他的这门专业课包括动物学和地质学。他主要研究矿物学、海洋动

学术光辉

物学和鸟类。此外他还出版讨论一般科学问题的《爱丁堡哲学杂志》和《新哲学杂志》。他的功绩还在于他在大学里建立了一个非常好的自然史博物馆，馆内陈列有极好的搜集品，这个博物馆当时被认为是第二个英国博物馆，仅次于伦敦英国博物馆。但是在地质学方面，詹姆逊所持的是著名的岩石水成论者魏尔纳那些极端的、早已过时的观点。

詹姆逊通过讲课，通过他对这门课程的兴趣和他对自己所领导的这个博物馆的兴趣，博得了同时代人的尊敬，如伊·福勃斯这样一位大博物学家就对他作出了好评。他于1826年讲授的《动物学》这门课程开头讲的就是人类自然史，然后主要讲授脊椎动物亚门和无脊椎动物，最后讲授《论物种起源》这门哲学课。但是达尔文对这样的课程也没有听进去多少。他认为这些课程也是"极其枯燥的"。诚然，他的这个意见是对课程中的地质部分讲的，因为达尔文补充说："这些课程对我所产生的唯一作用，就是保证我一生决不再读任何一本地质方面的书，决不研究这门科学。"幸好他没有恪守自己的这个保证，因为詹姆逊的出现，让达尔文感觉像发现了一个"新大陆"，他们很快成了好朋友。通过罗伯特·詹姆逊教授，达尔文又结识了一些与自己兴趣相投的学者，其中有罗伯特·格兰特博士和维利亚姆·马克·吉利弗雷博物学家。

罗伯特·格兰特是《动物学哲学》一书的编著人，当他得知《动物生理学——有机生命的规律》一书的作者是达尔文的祖父后，跟达尔文谈论的话题也越来越多了。

只要一有时间，达尔文就和罗伯特·格兰特一起到海边收集海洋动物资料，他还得到了罗伯特先生送给他的一个"高级仪器"——显微镜。

在维利亚姆·马克·吉利弗雷先生那里，达尔文还学到了许多鸟类

知识,还学会了制作鸟类标本的方法。

这个时期,达尔文对"进化论"的思想有了模糊的认识,甚至想有一天去巴黎学习"进化论"思想。然而,达尔文没有忘记自己的承诺,把医学放在了首位,想通过与更多病人的接触,从实践中寻找行医的经验,学校的诊所依然是他义务工作最多的地方。

如果说从表面上看来达尔文很少研究医学、很少上必修课的话,那这也并不意味着他对自然科学已失去了兴趣。相反,他找到了一种满足自己需要的方法。他常常到设在教学楼里的博物馆去,并同在那里工作的两位年轻的大博物学家交上了朋友。其中的一位就是罗伯特·格兰特博士,他当时才 33 岁,正是处于从事科学活动的风华正茂的时期。早在1814 年,他就在爱丁堡获得了医学博士学位,在 1815—1820 年,他一直待在巴黎和欧洲的其他一些设有大学的城市里,在那里研究医学和自然科学。当拉马克出版了自己的进化论著作《动物学哲学》(1809 年),并准备和开始出版自己的无脊椎动物学方面的一部最重要的著作时,格兰特很快就到巴黎向拉马克学习了很多东西。他在这方面也进行了大量研究。他于 1820 年回到爱丁堡,并考察了苏格兰和爱尔兰海岸,专门研究海洋无脊椎动物。他写了几部关于重要著作(1825—1826 年),在这几年中写了十来本其他有关无脊椎的腔肠动物门、软体动物门、苔藓动物纲和甲壳纲方面的著作和几本有关脊椎动物亚门的著作,例如《羊驼》即巴西啮齿目的解剖学。

达尔文经常同这位精力充沛的年轻的博物学家去游览,帮助他在落潮后的水坑里收集动物,而他自己也尽力去研究如何对这些动物进行解剖。达尔文在 1827 年的笔记中提到,他在福斯湾发现了一种特殊的海

学术光辉

鱼———"海雀鱼",并"与格兰特博士一起对这种鱼作了解剖"。他们对鱼的内部器官,包括心脏和心瓣几乎进行了全面的研究。达尔文还发现,格兰特表面上看起来显得冷淡和拘谨,但内心却极其热情。

海绵动物

有一次格兰特在同达尔文游览时非常高兴地谈论起拉马克的进化观点。达尔文一言不发,好奇地倾听着他的谈论。但无论是这些观点本身,还是格兰特对这些观点的迷恋,都没有给他留下很深的印象。在达尔文的家庭当中,进化观点并不是什么新鲜玩意儿。大概达尔文当时已经读了他祖父伊拉司马斯·达尔文所写的《动物生物学》和一些其他的动物学著作。不过他对所有这些纯理论的观点并没有产生多大的兴趣。他依然热衷于对生物界的考察和对动物机体的研究。

游览期间,他同纽挨文尼的一些渔民结为朋友,并同他们一起去捉牡蛎。采捕机从河底捕了许多其他的动物,并对这些动物进行了研究。他在这一年的笔记中记载和描述了某些软体动物的产卵情况,描述了软体动物的幼虫,并简要叙述了珊瑚虫和海鳃。根据笔记的记载,他同另一位同学科利茨特里姆一起观察过一条鱼往圆盘和桡骨基之间特殊分泌囊里产卵的情况。笔记本中保存有几份动物统计表,显然他是把这些统计表放在笔记本内,旅行时随身带着的。这就是:"福斯湾和苏格兰其他地区的蠕虫";一份在上述地区所找到的各种鱼类的统计表;两份用以确定从各产地捕获来的鸟类的详细说明。

牡 蛎

　　年轻的达尔文在爱丁堡结交的第二个青年科学家叫维利亚姆·马克·吉利弗雷,比达尔文大 13 岁。他由于发表了一些软体动物方面,特别是鸟类方面的著作而出了名。后来他又出版了一部论苏格兰鸟类的巨著。他送给了达尔文几个罕见的海贝,经常同达尔文交谈自然史中的各种问题。他十分支持达尔文对搜集鸟类和观察鸟类的兴趣。正是在这个时期,达尔文向一个曾同鸟类学家沃捷尔通一起工作过的黑人学习制作鸟类标本。达尔文常常高兴地在这个黑人那里闲坐,因为达尔文说"他是一个逗人喜欢和知识渊博的人"。这些足以说明达尔文对鸟类学具有浓厚的兴趣。

珊　瑚

学术光辉

海 鳃

达尔文在爱丁堡的第二学年是在哥哥不在的情况下度过的。他结交了许多像他那样热爱自然科学的同学,这是很自然的事情。达尔文积极参加普利尼学生自然史学会的工作,这对他同这些朋友的接近起了很大的促进作用。该学会是在詹姆逊教授的鼓励下于 1823 年创立的。学会会员们每星期二在爱丁堡大学的学院地下室里集会,宣读和讨论自然科学方面的著作。学会一共有 150 名左右的会员,但是通常参加开会的人数不超过 25 人。学会的秘书是格兰特。达尔文于 1826 年 11 月 28 日被选为学会委员,而在下一个星期选举负责人和理事会时,他又当选为学会理事会五人成员之一。这也说明了他在同学当中是一个非常有名的自然史爱好者,一个对自然史感兴趣的人。保存下来的学会记录记载有所有出席会议的人和所有参加辩论的人,这些记录表明,在达尔文担任学会委

员的几个月中,一共举行了 19 次会议,而他只有一次缺席。他曾不止一次地在辩论时发言,例如他曾就自然分类问题和种类特征问题发过言。

1827 年 3 月 27 日,达尔文在普利尼学会就自己的两项发现作了报告。这些发现都与观察海生动物有关。首先,他在一种小群体的粘黏附在海生动物底部的苔藓动物所谓的"卵"上发现有纤毛。当时人们一般都把"卵子"理解为早期发育阶段的胚胎。"细胞学说"(根据这种学说,一切有机体都是由许多细胞或一个细胞构成)只是在 12 年以后才产生,而要使人们彻底承认动物的性发育也是从一个细胞即"卵细胞"开始的,则还需要二三十年的时间。因此,后来"卵子"的概念就缩小了,它只是关于这个单细胞阶段的概念。根据达尔文的发现,苔藓动物的"卵子"原来是一个周围布满了许多颤动纤毛的幼虫。

其次,达尔文发现被当作藻类植物发育阶段的黑色小球状体,实际上是一种卵胶囊或者是水蛭产卵的卵袋,这种水蛭经常停留在海底平坦的斜坡上,靠捕食其他生物为生。学会听取了达尔文的报告后,建议他把自己的发现写成论文,并在下一次会议上用实物说明他所论述

水 蛭

的问题。下一次会议的记录中提到,达尔文展示了一个带有卵袋、卵子和

幼虫和水蛭标本。他在笔记中用了四页半的篇幅来论述这些发现。

罗伯特·格兰特比达尔文早3天在爱丁堡魏尔纳学会作了关于这些发现的报告。罗伯特·格兰特很关心自己这位年轻朋友的发现，于是他

北威尔士自然风光

就在玻璃表蒙子里培养了一些卵子和幼虫，观察它们幼龄菌落的形成，因此他作的报告要更为详细，并且使用了一些图画和实验标本来加以说明。他还在1827年7月份《爱丁堡科学杂志》上的一篇专门论文中论述了毛虫的卵袋，并提到了"确定卵袋正是属于这种动物的这种功劳，应该属于施鲁斯伯里的我的年轻朋友达尔文先生，他曾友好地把卵袋连同卵子在各个成熟阶段上所孵化出来的动物标本提供给我"。

达尔文同普利尼学会主席团中的许多年青人关系很密切。他在《自传》中谈到了艾斯沃尔特、科利茨特里姆和哈第。主席团中还有3名同

学术光辉

学，他们都比达尔文大两至四岁，都于 1827 年大学毕业。

格兰特还带达尔文参加魏尔纳学会的一些会议，达尔文在这些会议上听了美国鸟类学家奥久邦关于北美鸟类习性的报告，达尔文也经常参加其他一些学会，如"皇家医学会"和"爱丁堡皇家学会"（由苏格兰著名的小说家和诗人华尔德·司各特担任主席）的会议。

达尔文在 1826 年和 1827 年这两年的暑假中过得很"快乐"。在这期间，他第一是旅行和游玩，第二是打猎，第三是访问他舅舅韦季武德的庄园梅尔。例如，1826 年夏天，达尔文同两个朋友沿着北威尔士徒步游玩了一趟，他们一天要走 50 千米左右的路。这是一项对这位未来的旅行家很有益处的和有意义的运动。另一次，他同妹妹一起沿着北威尔士进行了一次骑马旅行。

这时的达尔文越来越喜欢打猎。他多半是到舅舅乔赛亚·韦季武德的庄园或到奥温先生的武德高兹去打猎。但是到梅尔"舅舅乔斯"那里去旅行，对达尔文来说，也是非常诱人的。一幢古式的房屋坐落在小湖岸边。亲戚朋友们经常聚集在梅尔。青年们组织游玩、演戏，如演莎士比亚的《温莎的风流娘》。当时，撰写了《英国革命史》的哲学家和历史学家詹姆斯·梅金托什也到梅尔来作客，他经常举办的那些有趣的座谈使达尔文很难忘怀。夏天，全家人和客人们常坐在柱廊的台阶上，面前是花坛和小湖，对面那陡峭的、树木繁多的湖岸倒映在一平如镜的湖面上。达尔文十分喜爱和尊重"舅舅乔斯"。他喜欢舅舅那坦率的性格和清晰的头脑。

关于在两三年间到梅尔去作"令人神往的"旅行的那几行文字。关于在柱廊台阶上举行晚会的记述，都使人们不由想到，在度假期间，这个年青人在这里很可能产生过某种类似理想的初恋的念头。根据家庭的传

说可以判断,初恋的意中人是比达尔文大 10 岁的表姐沙尔洛塔·韦季武德(她当时已年近 30 岁)。

关于年青的韦季武德和年青的达尔文之间的友谊和亲密关系的说法是有一定证据的。当他的未来的妻子埃玛·韦季武德于 1826 年 11 月和 1827 年 5 月两次到大陆(她在那里向肖邦学钢琴)去的时候,她的哥哥乔斯同查理·达尔文和卡罗莉娜·达尔文曾到巴黎去看过她一次,并陪她一块回家。这是达尔文到欧洲大陆去的唯一一次。达尔文喜爱音乐,但他却根本没有乐感。埃玛在谈到达尔文时说:"他演奏时像个疯子"。年轻的埃玛是个快乐、活泼和机灵和姑娘,她举止大方,一点都不轻浮。

在爱丁堡大学时期,尽管达尔文对大学的必修课程仍然学不进去,但他早在童年时代就表现出来的对自然科学的爱好得到了进一步的发展和培养。他结交了一些年青的自然科学家,考察了分布在海岸边的动物群,掌握了一些研究自然界的新方法,参加了由大学生们组成的普利尼学会,并且访问了其他一些自然史学会。而打猎以及在游玩和旅行中所得到的锻炼,则更加把他训练成为一个野外的博物学家。爱丁堡大学时光不反成为了他记忆中美好的一部分,而且也为他今后对自然科学的研究奠定了基础。

伊恩·维尔穆特博士与克隆技术

伊恩·维尔穆特博士是英国爱丁堡罗斯林研究所的胚胎学家。他

英国诺丁汉大学校园一景

1945 年生于英格兰中部城市沃里克附近的汉普顿·露塞,他曾就读于诺
丁汉大学,导师是世界著名生殖学专家埃里克·拉明。毕业后他进入了
胚胎学领域研究,后来一直从事动物的基因技术研究。1971 年,他去剑

桥大学达尔文学院深造,两年后获得博士学位,他的博士论文题目是《关于猪精液的冷冻技术》。毕业后,赴苏格兰的爱丁堡市罗斯林动物繁殖研究所。该所是由政府和爱丁堡药物蛋白质有限公司共同资助的独立的动物研究机构,以后该机构逐渐演变为罗斯林研究院。

20多年来维尔穆特博士一直在从事于生殖科学研究。1973年就用冷冻胚胎培育出第一头小牛。一头母牛一生能够产下的小牛一般为5到10头。通过把取自肉质和奶质最好的母牛的胚胎冷冻起来,在解冻以后植入其他母牛的体内,维尔穆特博士使养牛的农民能够大大提高牛的质量。

1986年,维尔穆特博士在爱尔兰参加一次会议期间,在酒吧偶然听到人们在谈论某位科学家利用已经发育的胚胎培育出了一头羊,这使他确信有可能克隆大型家畜。

终于,维尔穆特博士率领了由12名科学家组成的小组,完成了一项令世人注目的科研项目。

"克隆"是从英文"Chlone"音译而来是无性繁殖的意思。在生物学领域有了个不同层次的含义。同时,克隆也让生命的产生有了不同的可能性。

克隆包括:

1. DNA克隆也叫分子克隆,其含义是将某一特定DNA片段通过重组DNA技术插入到一个载体(如质粒和病毒等)中,然后在宿主细胞中进行自我复制所得到的大量完全相同的该DNA片段的"群体"。

2. 细胞克隆是指由一个单一的共同祖先细胞分裂所形成的一个细胞群体。例如,使一个单一细胞在体外的培养液中分裂若干代所形成的一

学术光辉

个遗传背景完全相同的细胞集体即为一个细胞克隆。又如,在脊椎动物体内,当有外源物(如细菌或病毒)侵入时,会通过免疫反应产生特异的识别抗体。产生某一特定抗体的所有浆细胞都是由同一个 B 细胞分裂而来,这样的一个浆细胞群体也是一个细胞克隆。

3. 个体克隆是指基因完全相同的两个或更多的个体组成的一个群体。例如,两个同卵双胞胎即为一个克隆!因为他(她)们来自同一个受精卵细胞,遗传背景完全一样。通过细胞核移植所得到的一个遗传背景完全相同的动物或植物也是一个克隆,如 1998 年英国科学家将小鼠卵丘细胞的细胞核移植到去除了细胞核的卵母细胞中后,得到了 20 多只发育完全的小鼠,这些小鼠群体就是一个克隆。又如从一棵胡萝卜中的两个以上体细胞发育而成的胡萝卜群体也是一个克隆,因为它们的遗传基因背景完全相同。

克隆羊多利

关于"克隆"最广为人知的是英国科学家维尔穆特领导的小组,运用克隆技术,于 1997 年成功地"复制"出的第一只绵羊"多利"。

　　哺乳类动物一般都是有性繁殖。哺乳类的卵细胞最先是由卵巢中的卵原细胞发生而来的。卵原细胞具有双倍的遗传物质，即为二倍体细胞。它经过数次分裂，最终成为单倍体（只含体细胞一半的染色体）的成熟卵细胞。但是，这种卵细胞还不可能发育成为一个新个体的，它必须受精（与含有同样只有单倍染色体的精子结合），重新成为双倍体的受精卵，才能继续发育下去，形成一个新生命。

　　"克隆绵羊"的培育与克隆其他哺乳动物的培育过程是相同的，首先要取得成熟的卵细胞。当今，科学家们采用了"超数排卵技术"，给成年母羊注射孕马血清促性腺激素及人绒毛膜促性腺激素。这样在它们的卵巢中一次使会有更多的卵成熟与排放。当排卵时，工作人员可通过手术或腹腔镜取出这种成熟的卵细胞来备用。

　　卵细胞由细胞核及细胞质两部分组成。卵细胞很小，一般只在80—100微米之间。科学工作者在操作时，必须靠一种注射仪的帮助，在放大几十倍的条件下，用特制的极细玻璃管制入卵内，将卵细胞核吸出。该卵便成为一个无核细胞了（卵已无核遗传物质）。然后进行"核移植"，一般用于核移植的细胞核多为胚胎分裂球的细胞核（分裂球的每个细胞核本来就具有分裂和增殖的能力）。但是，用这种细胞（或称胚胎）分离切割所得到的个体并不能称为"克隆个体"。

　　为什么呢？一是因为"多利"用的不是胚胎细胞的细胞核，它用的是"体细胞"（乳腺细胞）的细胞核，进行核移植，而分裂并发育成新的个体。按照发育生物学的观点，成年体细胞是一种"定向"了的，一定程序上分化了的细胞，即这种细胞性质已经定型，是哪种类型的细胞或组织就是哪种类型的细胞或组织，正如乳腺细胞只能发育成乳腺组织一样，不可能

学术光辉

103

"再回头"，重新获得"全能性"。可是"多利"的体细胞即使"方向已明"，在一定条件下，仍然具有"全能性"。

概括地说一下"多利"出世的过程：从产于芬兰的一只 6 岁的塞特母羊的乳腺中提取一块本身没有繁殖功能的普通细胞组织，在特殊条件下培养 6 天，使这些细胞的细胞核进入休眠期；通过显微操作的方法将一个未受精的卵子的遗传物质去除；通过细胞融合将乳腺细胞的细胞核导入到去除细胞核的卵子中，形成重组胚；将重组胚移到合适的供体绵羊的输卵管中，经过几天的体内发育，从输卵管中取出发育良好的胚胎，再移植到合适的受体母羊的子宫中，最后由它产下羊羔。

我们从"多利"的产生过程可见它是未经过精子与卵细胞结合的受精过程，属于无性繁殖，因此称之为"克隆绵羊"。"多利"这个美妙的名字是维尔穆特借用了他所喜欢的乡村歌手多利·帕顿的名字。

生活中应用无性繁殖的植物、动物是很多的，比如植物的扦插、嫁接、块茎繁殖长出的后代也都是克隆。

在自然条件下，由于许多植物本身就适宜进行无性繁殖，因此它们很容易克隆。在动物中，这种无性繁殖方式多见于无脊椎动物，比如原生动物的分裂生殖等等。但是，对于高等动物，出于在自然状态下它们一般只能进行有性繁殖，如果要使它们进行无性繁殖，科学工作者必须经过一系列复杂的操作程序。

克隆绵羊的诞生是生物工程技术发展史上的一个里程碑。它标志着生物学世纪提前到来。克隆绵羊"多利"的问世突破了利用胚胎细胞进行细胞核移植的传统方式，可以使科学家们拥有一项新的非常有效的技术来深入研究一系列重要的生物学问题，在理论上和应用上都具有重大

学术光辉

意义。

伴随克隆羊的成功,遗传工程在中国乃至全世界都火热起来,它像是魔法一样让人惊奇。

其实,生物遗传工程已经造出或将要造出的奇迹是千千万万,无所不有的。在这里我们仅举出一些例子,来感受一下它的巨大力量。

我国古代的《封神榜》中有个杨任,因吃错了药而在眼眶里长出了手,又在手心里长出眼睛。随着遗传工程的发展,这很可能将成为现实:现在,德国的科学家已经让果蝇在翅膀上、触角上和腿上长出了眼睛。当然,果蝇是一种比人在遗传构造上简单得多的动物,但这一成功无论如何指出了一种可能性,将来某一天,我们真可以像杨任那样,在手心中长出眼睛,可以伸到床底下去找东西。当然,这手用来干别的事就不太方便了,太容易磕碰到眼睛。也许,在后脑勺上长个眼睛更管用,但睡觉容易压着。

果 蝇

学术光辉

最近,牛津大学的遗传学家把蝎子的基因加进洋白菜之中,这种洋白

菜能毒死毛虫。在土豆中也可加入杀虫细菌的基因来杀死科罗拉多甲虫,多神奇!

人们已经成功地培育出了"山绵羊",因此,一些专家同时认为把人和猴的细胞凑在一起,"人猴"也应该不是太难的事。"人猴"也许还会有一定的语言能力,可以用来做多种实验。

实际上,遗传工程似乎可以制造出任意组合的杂种来。无论是人还是兽,动物和植物,微生物与动物或植物,全都可以配到一起。遗传工程的这种力量是可以为人类带来许多好处的。例如,在牛或羊体内植入人的基因,可以使它们的奶中含有人类的蛋白质,这种奶可以用来喂早产儿。其实,克隆山羊的那个英国爱丁堡罗林斯研究所的科学家们最初的目的也就是能大批量生产这种"人类化"的羊。在猪的细胞中植入人的基因,则有可能生产出可以移植入人体的猪心、猪肾等,解决目前人体器官移植的供应不足问题。

恒河猴

我们在欣喜地看到克隆羊诞生同时,需要注意的是对待克隆羊与对科学的态度。人们对于科技进步的态度往往陷进两个截然相反的误区:一种是对于科技的巨大力量感到恐惧,而要求阻止科技的发展;另一种是对于科技进

学术光辉

步的所有方面都毫无保留地赞赏，不去正视，甚至掩饰其危险的一面（当然，从制衡的角度看，这两种态度也有存在的理由）。

这次克隆羊之所以引起轰动，是因为这是第一次从成年哺乳动物的体细胞中进行了成功的克隆。相比之下，美国科学家克隆恒河猴，虽是人类的近亲，却没有这么重要，因为这是早已获得过多次成功的事了。实际上，从成年哺乳动物的体细胞进行克隆，多年来都被认为是不可能的事。因为，虽然动物的每一个细胞都携带着发育一个完整的个体的全部遗传蓝图，但成年个体的体细胞只管某一特定部分的功能，如肝细胞只管肝脏，视网膜它就不管了。它的遗传密码在其他方面的指令全都休眠了。因此，教科书上说，从成年个体的体细胞进行克隆是不可能的。

克隆技术应用于人类的前景引起了公众极大的担忧。在英国，科学家于1997年2月27日宣布从成年体细胞克隆成功"多利"之后不到一个星期，美国总统克林顿宣布：禁止使用联邦经费从事克隆人的研究（包括体细胞克隆及胚胎克隆两者），并要求私人研究机构自律，他说："科学往往在我们懂得其含义之前就快速前进了。

克林顿

学术光辉

107

因此，我们有责任小心翼翼。我们关于克隆所知甚少，但我们至少知道，任何有关人的创造的发现不仅仅是一个科学问题，而且有关道德和精神问题。"接着其他各国政府也表明了类似的态度。

第一个问题：克隆人究竟在技术上有没有困难？在这个问题上，生物学家们早就学乖了，他们绝不会吹牛，不能说能，而恰恰相反，能也说不能。即使我们愿意信生物学家的（我们也没有别的辙，只能信他们的），也得问问这难点究竟在哪。英国国家癌症研究所的胚胎学专家 Colin-Stewart 提出了一个难点：在羊的胚胎中，供体细胞的基因要在三至四次分裂后才会启动，而在人的胚胎中，两次分裂后基因就启动了，这可能是个无法逾越的障碍。发表"多利"论文的《自然》杂志的编者按认为，从成年人的组织中克隆人可以在一年到十年之内实现。

第二个问题，克隆人到底有什么不好，有人认为这跟爆炸原子弹一样危险。

一些新闻报道把公众的注意力引向"克隆希特勒"上去，这实际上是偏离了问题的实质。因为问题根本不在于"克隆希特勒"。如果真的克隆出几个希特勒，他们又能怎样？时代、环境早就变了，他们也许不但不能当上元首，而且还极为失落：这个世界根本听不进他们的话，认为他们是疯子，或许根本不理会他们。

那么，真正的问题究竟在哪呢？巴黎的科欣分子遗传学研究所的 IN-SERM 遗传与分子病理学研究实验室的主任指出了几个关键性问题。

首先，克隆人的技术可以被用来生产人体备用器官。比如，可以把一个人的胚胎分成三份，一份出生，另两份冷冻起来，如果出生的那一份得了病，需要移植肾脏等其他器官，就可以把一份冷冻的取出来，培育成人，

然后摘取其肾脏移植,这样移植的肾脏完全没有排异反应。如果可以从成年人的组织中直接克隆,当然就更方便了。但这样做实际上违反了一条重要的伦理原则,这就是德国哲学家康德所说的"人的尊严"。这一原则要求,任何人的生命都是目的,而不是手段。这一原则对于维系人类文明是极为重要的,即使是历史上的暴君,敢于完全蔑视这条原则而随意拿人的生命像畜生一样处理的也不多。如果克隆人的技术开了这样的先例,其后果是不可想象的。

其次,通过两性交配而生成的人,其遗传构造有极大的随机性,这是保护人类免受任何人,包括父母,事先操纵的主要屏障。允许克隆人必将导致在其他情况下对于这种事先操纵,如由当局进行的容忍态度。AxelKahn 问道:"如果我们容忍人类创造者"制造出和他们自己十分相像的生灵,这些生灵的所有生物学特征都是外部意志强加的,只不过是已经生活过的身体的复制品,一半是奴隶,一半是永生的想入非非,这个世界会变成什么样子?"特别是在今天这个世界中,文化方面越来越国际化

赫胥黎

学术光辉

109

和趋同化,不少人越来越觉得他们唯一能够通过孩子流传下去的东西就是自己的基因了。到那时,有钱有势的人很可能会大量克隆自己。

而且,由于乐于克隆自己的人会有更多的后代传下去,这个世界会由越来越少的几个最疯狂的克隆自己的人的后代所充斥。那时,人类不仅要担心其他生物的遗传多样性,而且要担心人类的遗传多样性了。到了那时,社会也许会由克隆出来的若干种的人类种系组成。比如,人类可以大量克隆体内含有牛的基因的体力劳动者。那时,赫胥黎的小说《美丽新世界》中所描写的场景就真有可能成为现实。

如果克隆人的技术如上所述的那样展开使用,这个社会会是什么样子?好还是不好?其回答当然是否定的。

学术光辉

乔治华盛顿大学

第三个问题,能够制止克隆人的技术的发展吗？回答是,不能。实际上,克隆人的研究早就在进行。早在 1993 年,乔治·华盛顿大学的胚胎学家就克隆了人的胚胎:他们从 17 个人类胚胎上提取了细胞,并把它们培育到了能够植入女人子宫的程度(虽然这最后一步没有做),该大学的一位生物学家因被发现进行人类胚胎的研究而于 1997 年 1 月辞职。科学家们对于"多利"所表示的惊诧实际上是有点装腔作势的。很容易想象,有许多人,无论是出于善良的目的还是出于邪恶的意图,在进行克隆人的研究。由于生物学研究用不着像核武器的研究那样大张旗鼓,因此,要发现是比较困难的。罗林斯研究所的小组,也是在克隆"多利"成功以后很久才公布此事的,在此之前他们都成功地保住秘密。

美国《新闻周刊》1997 年 3 月 10 日发表的由 SharonBeyley 撰写的封面文章"是谁创造了你,小羊?"认为:"多利"给人类带来的教益有以下几项。首先,除了自然法则完全禁止的东西之外,一切都是可能的。第二,无论是好是坏,科学总是胜利者,伦理方面的不安也许可以在科学的道路上设置一点障碍或影响一种技术的扩散面,但道德方面的不安绝对不是吞没一切科学的对手。

对于科学,人类无论喜欢不喜欢都是制止不住的,唯一可行的办法就是更多地了解它的进展所可能带来的各种影响,以便与之相处,乃至加以利用。正确的方法是,人类必须顺应并迎头赶上科学的潮流,不是盲目地乐观,而是要了解它的方方面面。

事实上,默许克隆人方面走得很远了,美国社会认为,在繁殖后代和追求健康方面可以采取任何手段。其他的许多生物学方面的力量也肯定会被释放出来:它们可以大大地造福于人类,也可以极为残酷地毁灭或奴

学术光辉

役人类。生物学技术是这样，在某种程度上，信息技术，以及其他科学技术，也是这样。在人类进入 21 世纪时，只有一件事是确定的，人类的力量，无论是好是坏，都将越来越大。

人类开始是掌握了冷兵器，那时的力量是比较分散的，因为任何一个个人，做一把刀或一支矛都很容易。然后是掌握了热兵器，而且越来越庞大、越来越复杂，当个人或小集团很难掌握了，这时，力量就集中了起来，多半是到了国家的手里。

信息技术与生物技术的发展，使得力量又一次分散到了个人或小集团的手中。这是好还是坏呢？从好的方面说，力量的分散将是一种对专制或霸权的平衡；从坏的方面说，如此分散的实体掌握了如此巨大的力量，这个世界将变得很危险。如果人类需要力量的分散作为对专制或霸权的一种制衡的话，依靠信息技术比较好，因为生物学的力量太难预测、太难控制了，一旦释放出来，将出现什么事情人类根本无法想象和预测（当然，信息技术也有可能发展到这一步）。但是，如前面所说的那样，人类对此无能为力，不可能去选择释放哪一种力量，人类唯一能做的是了解它们的特点。

柯南道尔与他的福尔摩斯

福尔摩斯是全世界人所皆知的最能干的侦探,他具有超人的天才,无所不能,任何复杂的案件,只要到他手里就变得轻而易举,在案件侦破工作中,他真正达到了攻无不克、战无不胜的境界。但是,福尔摩斯这个人不是真实的人,是虚构的艺术形象。这个经典形象的创造者是英国侦探小说作家柯南道尔。

柯南道尔,1859 年 5 月 22 日生于苏格兰爱丁堡附近的皮卡地普拉斯。父亲是政府建工部的公务员,是当地有名的酒鬼,但他的绘画小有名气。柯南道尔的几个叔叔也是著名的插图画家和封面设计家,这些艺术

柯南道尔

学术光辉

113

天赋对幼年的柯南道尔影响很大。柯南道尔青少年时期在教会学校读书,柯南道尔最先选择的职业是医生,他在爱丁堡大学攻读医学,1885年获医学博士学位,后来在索思西开业行医。但是他对文学怀有强烈的兴趣,尤其爱读侦探小说始祖埃德加·爱伦·坡的作品,并不断地向《康希尔》杂志投稿。

19世纪英国医生的待遇很差,柯南道尔在索思西开的诊所门可罗雀,收入仅能维持生活。于是,他找到了"第二职业"——写作。应该说,柯南道尔的老师爱丁堡大学医院大夫约瑟夫·贝尔博士对他从事侦探小说有很大的影响。

贝尔博士高瘦,皮肤黝黑,有一对锐利无比的灰色眼睛,一个鹰钩鼻子,他只要把对方看上几眼,就能判断其职业与爱好。有一次他对柯南道尔说:"那个病人穿了一条右膝磨损的灯芯绒裤子,他是一个鞋匠,而且是左撇子。只有左撇子鞋匠的裤子,才会在裤子那个地方磨损得那么厉害。"事实证明贝

柯南道尔

尔博士的判断是正确的。这种推理方法,使柯南道尔做了不少有关贝尔教授判断人的笔记,也为他以后塑造福尔摩斯这样一个家喻户晓的文学

学术光辉

典型提供了具体的形象。

　　柯南道尔的创作道路并不平坦。1886 年 4 月，29 岁的他写成福尔摩斯的第一个侦探故事《血字的研究》，第一次把歇洛克·福尔摩斯与华生医生介绍给读者。这部中篇小说投寄给《康希尔》杂志，但得到的答复是，"作为短篇故事太长，但作为一本书又太短"，因此未能出版。接着他把稿子寄给弗雷德里克·活恩和阿罗史密斯，但是他们连看都没有看就退了回来。后来，他又寄给沃德·洛克出版公

柯南道尔

司，回答说："故事不能马上出版，如果愿意把稿子留给我们，我们将选入《1887 年比顿圣诞年刊》。"就这样答应第二年出版，并付给柯南道尔 25 英镑稿酬。这部作品总算在 1887 年出版了。

　　出版之后，《血字的研究》中的福尔摩斯立即引起人们的兴趣。《利平科特杂志》的编辑得到这篇小说之后，约柯南道尔继续写一篇关于福尔摩斯的侦探故事，于是，《四签名》在 1890 年问世，并且获得了巨大的成

功。1891 年,柯南道尔决定弃医就文,专门从事写作。从 1891 年 7 月开始,《波希米亚丑闻》等 12 个福尔摩斯侦探故事,陆续在《海滨杂志》上发表,于 1892 年汇编成《冒险史》发表。1892 年底,以《银色马》开始的 12 个福尔摩斯侦探故事陆续发表,1894 年,这 12 个故事汇编成《回忆录》出版。

从 1891 年至 1894 年的三年中,柯南道尔先后写出了《波希米亚丑闻》、《红发会》、《身份案》、《博斯科姆伯溪谷的秘密》、《五个桔核》、《歪嘴男人》、《银色马》等 24 个短篇,并结集出版;稿酬从每篇幅 50 英镑提高到每一本集子(12 个短篇)1000 英镑。刊登柯南道尔侦探小说的《海滨》杂志也在读者中大出风头。福尔摩斯名声大震,在英国读者中成了妇孺皆知的英雄人物。

柯南道尔作品中的福尔摩斯

到了 1894 年底,柯南道尔再也不为经济发愁,因此,他决定让福尔摩斯在一次搏斗中坠入激流中被淹死,让华生医生来结束《最后一案》这个故事。福尔摩斯之死,引起了广大读者强烈的不满,有人甚至表示愤怒,

继而对柯南道尔进行威胁与谩骂。广大公众不希望自己心目中的英雄死去,这简直成了文学史上的一个奇迹。

柯南道尔为此既震惊又兴奋,他意识到文学艺术原来具有如此大的震撼力,侦探小说已经被广大读者所接受。这样,柯南道尔在 1901 年又写出《巴斯克维尔的猎犬》。这部以福尔摩斯早期生活为题材的侦探小说,再次显示了柯南道尔娴熟高超的文学艺术水平,并再次获得巨大成功。出版商纷纷起来约稿,使柯南道尔搁笔不写侦探小说的决定产生了动摇。但是,由于作品谴责了各种犯罪和不道德行为,宣扬善恶有报和法网难逃的思想,在普通公众中引起心理共鸣,福尔摩斯作为一个文学形象已经深入人心。鉴于广大读者对于福尔摩斯的喜爱与不舍,1903 年,柯南道尔利用丰富的知识,在《空屋》这一故事里让福尔摩斯死里逃生,接着又写成了《归来记》、《恐怖谷》等四组福尔摩斯的故事。由于所有的故事都以福尔摩斯为中心人物,后来合起来称为《福尔摩斯探案全集》。

1930 年 7 月 7 日,73 岁的柯南道尔与世长辞,但他笔下的福尔摩斯却永远活在读者的心中。数以万计的读者到英国伦敦贝克街去寻访文学中的福尔摩斯,世界各国争相出版《福尔摩斯探案全集》,总印数达 500 万册,许多喜爱文学或爱看书的读者,谈起福尔摩斯,就像谈论自己的老朋友。福尔摩斯还从书中走上了影视舞台,有关福尔摩斯的神奇故事影响了一代又一代人,至今依旧脍炙人口。

由于读者对福尔摩斯的青睐,柯南道尔的稿酬曾达到当时文学稿酬的最高水平。美国一家出版社愿以 5000 美元买下仅 10 万字的《巴斯克维尔的猎犬》,每 1000 字值 50 美元。英国一家杂志则以 1000 字付给 100 英镑来收买柯南道尔小说的版权。这在当时英国的出版界来说,侦探小

说确实达到风靡世界的地步。柯南道尔不仅生前成了公众关心的名人，死后也没有被人们忘记。美国人约翰·迪克森·卡尔专门写了一部《阿瑟·柯南道尔爵士》，收录了柯南道尔从事文学艺术的有关记载。此书在世界各国一发行，大大提高了柯南道尔的知名度。

福尔摩斯博物馆

柯南道尔以福尔摩斯故事而享盛名。然而，他并不以为自己是专写侦探小说的作家，他甚至觉得应该因他的其他作品在英国文坛占有一席之地。然而却事与愿违，英国人和中国人一样，几乎所有的读者都把他和福尔摩斯混为一谈。至今伦敦还有福尔摩斯的博物馆，就在小说中所叙述的培克街，那里面"存有"这位大侦探用过的东西以及他的居室、家具

等等。虽然福尔摩斯是一个虚构人物,但却以假变真,把作者也掩盖住了,但是就是没有柯南道尔自己的博物馆。

柯南道尔后来被封为爵士,因为在 20 世纪初英国殖民主义在非洲的"布尔战争"中,他为政府的立场辩护,所以得到封勋。如果从一种"后殖民"理论来说,柯南道尔是典型的大英帝国主义者,福尔摩斯经历中也有不少涉及英国殖民地(如印度)的情节,不少病乱、怪兽和心理失常的现象,都与殖民经验有关,而且柯南道尔本人和小说中的华生医生,也是大部分探案的叙述者,也曾在殖民地当过军医。

同时,柯南道尔生活中的趣事也很多。柯南道尔当杂志编辑时,每天要处理大量退稿。一天,他收到一封信,信上说:"您退回我的小说,但我知道您并没有把小说读完,因为我故意把几页稿纸粘在一起,您并没有把它们拆开,您这样做是很不好的。"柯南道尔回信说:"如果您用早餐时盘子里放着一只坏鸡蛋,您大可不必把它吃完才能证明这只鸡蛋变味了。"

还有一次,柯南道尔在巴黎叫了一辆出租马车。他先把旅行包扔进了车里,然后爬了上去。但是还没有等他开口,赶车人就说:"柯南道尔先生,您上哪儿去?""你认识我?"作家有点诧异地问。"不,从来没有见过。""那么你怎么知道我是柯南道尔呢?""这个",赶车人说,"我在报纸上看到你在法国南部度假的消息,看到你是从马赛开来的一列火车上下来;我注意到你的皮肤黝黑,这说明你在阳光充足的地方至少呆了一个多星期;我从你右手指上的墨水渍来推断,你肯定是一个作家;另外你还具有外科医生那种敏锐的目光并穿着英国式样的服装。我认为你肯定就是柯南道尔!"柯南道尔大吃一惊:"既然你能从所有这些细微的观察中认

出我来,那么你自己和福尔摩斯也不相上下了。""还有",赶车人说,"还有一个小小的事实。""什么事实?""旅行包上写有你的名字。"

有一次,柯南道尔收到一封从巴西寄来的信,信中说:"有可能的话,我很希望得到一张您亲笔签名的您的照片,我将把它放在我的房内。这样,不仅仅我能每天看见您,我坚信,若有贼进来,一看到您的照片,肯定会吓得跑掉的。"

学
术
光
辉

华 人 精 英

理论物理学家程开甲

1946 年 8 月,程开甲抱着"科学救国"的思想赴英国爱丁堡大学留学,成为物理学大师波恩教授的学生。在此期间,程开甲主要从事超导电性理论的研究,与导师共同提出了超导电的双带模型,认为超导电性来源于能带中的空带,由于布里渊区角出现电子的不对称奇异分布。1948 年秋,程开甲获哲学博士学位,任英国皇家化学工业研究所研究员。当听到解放军击败阻挠渡江行动的英国"紫石英"号军舰时,程开甲婉谢导师和朋友的好意,购买了建设祖国所需的书籍,整理好行装,于 1950 年 8 月回到浙江大学物理系。

中国第一代铸造共和国"核盾牌"的理论物理学家和原子核物理学家程开甲教授,1918 年 8 月 3 日出生于江苏吴江。程开甲祖籍安徽,祖父程敬斋,父亲程侍彤,母亲董云峰。祖辈早年从徽州到江苏吴江的盛泽经商,祖父去世后家境败落。程开甲 7 岁丧父,毕业于家乡淘沙弄小学,1931 年考入嘉兴秀州中学,是一位以勤奋好学出名的学生。他矢志以爱国科学家为榜样,深信科学上的成功靠的是 99% 的汗水、1% 的灵感。他能把圆周率背到 60 多位,乘方表和立方表脱口而出,甚至《林语堂英语》也曾从头背到尾。程开甲来到秀中后,受教于中国近代教育史上十分出

色的教育家顾惠人校长,从此开始了他的人生道路。在秀州中学,他读了伽利略、牛顿、爱因斯坦、巴斯德、居里夫人、詹天佑等名人传记,科学家们追求真理、热爱祖国的精神深深地打动了他,他处处以科学家为榜样,在学习上刻苦钻研,肯动脑筋,学习成绩始终名列前茅。在秀州中学的六年学习为他打下了坚实的基础。

1937 年,程开甲高中毕业报考上海交通大学和浙江大学,两所大学同时向他发出了录取通知书,由于浙江大学给予他的是对个别优秀考生的公费生奖励,于是他最终选择了后被英国著名学者李约瑟称为"东方剑桥"的浙江大学。时值抗日战争爆发,浙江大学开始"流亡"搬迁,从杭州到天目

八达岭詹天佑雕像

山、建德,到江西吉安、泰和,直至贵州宜山、遵义、湄潭,程开甲也就在颠沛流离、日机轰炸的流亡中完成了大学学业。程开甲在浙江大学幸运地

遇上了束星北、王淦昌、陈建功、苏步青等学界一流的老师，接触到学术领域前沿的课题，感染到老师们在学术研究方面求真务实、百家争鸣的科学精神，他在导师的培养下，奠定了扎实的功底。他还在三年级读数学系陈建功教授的函数论时，就写出了《Oncon－formalmapping：theoryoftom－plexfunction》一文，当时由陈建功教授推荐给英国数学家 Tischmash 教授发表。之后，文章被苏联斯米尔诺夫的《高等数学教程》全文引用。

1941 年，程开甲毕业后留浙江大学物理系任助教。他一边工作一边坚持学习和研究，并开始钻研相对论和基本粒子方面的问题。受束星北相对论的启发完成并发表了"用等价原理计算水星近日点移动"的论点。他在量子力学和相对论的基础上用正则运动方程导出物理学权威狄拉克提出的狄拉克方程，完成"对自由粒子的狄拉克方程推导"，这一成果由狄拉克推荐并且发表于

数学家苏步青

剑桥大学的《剑桥哲学杂志》。1944 年，程开甲完成了题为《弱相互作用需要 205 个质子质量的介子》的论文，英国学者李约瑟亲自对其修改并送

华人精英

给狄拉克,但是狄拉克给出"目前基本粒子太多,不再需要更多的新粒子,更不需要重介子"的回信使文章终未发表,这成为一件很大的憾事,因为后来一个外国人因这个重要实验而获得了 1979 年度诺贝尔奖,其测得的新粒子质量与程开甲当年的计算值基本一致。他还和王淦昌合作研究,撰写了五维场的论文。1945 年,在李约瑟先生的推荐下,程开甲获得英国文化委员会的奖学金。

1950 年程开甲回国,任浙江大学、南京大学副教授、教授,二机部核武器研究所副所长、核武器研究院副院长,国防科工委核试验基地研究所副所长、所长、基地副司令员、科技委常任委员、顾问,并担任过中国人民解放军总装备部科技委顾问。

1952 年,全国高等学校院系调整时,他被调到南京大学物理系任副教授,一直从事理论物理的

李约瑟

教学和研究。为了国家建设,他全身心地投入金属物理教研室的筹建和金属物理专业的建设,编写金属物理和固体物理等教材,还亲自上课讲授。1959 年他出版了我国第一本《固体物理学》专著。该书对我国固体

物理的教学与科研起到了重要作用。同时,程开甲竭力倡导把当时理论物理学的新成果、新方法应用于固体物理。为此,他亲自主持了一个理论讲习班,组织蔡建华、龚昌德等青年教师和研究生参加,为我国固体物理和固体理论的发展与人才的培养作出了贡献。20 世纪 50 年代末,程开甲用不可逆过程热力学原理建立了内耗热力学理论,为处理更为复杂的内耗过程提供了有力的理论分析工具。为了培养我国原子能研究人才的需要,1958 年程开甲再一次改变专业,与施士元一起创建南京大学核物理教研室,又接受了创建江苏省原子能研究所的任务。他带领几个年轻教师研制出一台双聚焦 B 谱仪,成功地测量了一些元素的电子衰变能谱,接着又研制出一台直线加速器。1956 年,程开甲参加了国家的《1956 年—1967 年科学技术发展远景规划纲要(草案)》的制定。

1963 年时候的程开甲

华人精英

1960 年,程开甲接到命令,去北京报到,当时他还不知道去干什么。直至来到第二机械工业部第九研究所(院)接任副所(院)长时方知被"点

将"参加原子弹研究,从此在不为外界所知的情况下工作了20多年。1960年—1962年期间,他仍兼任南京大学教授,为南京大学核物理专业的建立做了大量工作。在原子弹作用机制的研究中,程开甲分管状态方程理论研究和爆轰物理研究两大块工作。他通过对高压状态方程和化爆试验的研究,在国内第一个计算出原子弹爆炸时弹心的温度和压力,为核武器爆炸威力的设计提供重要依据;在原子弹内爆机理研究中,他解决了原子弹研制中关键问题之一的起爆冲击聚焦设计,为弹体结构设计与加工精密度提供依据。他在原子弹研制的开拓性研究中作出了贡献。1962年夏,为两年内进行第一颗原子弹试验,程开甲被调到国防科委(后国防科工委、现总装备部),任国防科委核试验基地研究所副所长、所长。1977年任基地副司令员兼研究所所长。

1963年,后排左二程开甲与左三张爱萍将军等在八一水库合影

1984年至今,程开甲任国防科工委(总装备部)科技委常任委员、顾

华人精英

问,国家超导专家委员会顾问。程开甲来到国防科委负责核试验科研总体工作,筹备创建核武器试验研究所。他与吕敏、陆祖荫、忻贤杰等人,夜以继日地工作,拟定并论证原子弹爆炸试验的总体方案,研制原子弹爆炸测试所需的有关仪器和设备,为第一颗原子弹的试验作准备。核试验是大规模、综合性、多学科交叉的科学试验,涉及多种学科及各种实验方法和测试手段,在我国准备核试验的初期,国内没有人懂、更不知道怎样干,没有仪器、没有设备,又没有任何人或东西借鉴。在这样的情况下,程开甲就亲自编写冲击波、电磁波理论等方面的教材为科研人员讲课,阐述核爆炸的各种物理、力学的作用和过程。他带领科技人员有针对性地钻研核试验的理论和技术问题:点爆的流体力学和空气动力学理论,核爆炸链式反应的测量技术和设施;微秒级示波器、快速传输电缆、射线探测和记录系统;每秒几千次到百万次的远距离长焦距高速摄影机;在爆炸后高空烟云之中收取放射性样品和进行放化分析;保证下风方向居民点不受裂变碎片沉降的放射危害的气象预报;高精度、高可靠性的全系统同步控制系统研制等。在国防科委机关的协调下,开展了大规模的联合攻关。短短的两年时间他到科学院、研究所、院校、各军兵种召开了一两百次任务会,提出一个个具体科研要求。经过辛勤努力和刻苦研究,逐步完善并且给出了一个全面的、在科学技术上广泛交叉的、有高度预见性、准确性和创造性、切实可行的试验方案;提出了有定量分析的爆炸图像;研制出1000 多台测试仪器。他遵照周总理提出的科学研究的要求———"严肃认真,周到细致,稳妥可靠,万无一失",做到"一次试验,全面收效",做到"保响、保测量、保安全、保取样",坚持"一切通过实践",终于在 1964 年10 月 16 日圆满地完成第一次核试验任务,让蘑菇云在罗布泊上空升起,

并拿到了全部测试数据。

程开甲在技术上领导并创建中国第一个核武器试验研究所，带出了一支高水平的科研和技术队伍，是我国核武器试验事业的开创者之一。程开甲从 1963 年第一次踏进罗布泊到 1985 年，一直生活在核试验基地，为开创我国核武器研究和核试验事业，倾注了全部心血和才智。他在 20 多年中主持决

程开甲在地下核试验现场

策、直接从事核试验及测试的全局技术工作和研究，解决了许多具体关键性技术问题，使核试验成为原子弹的设计、改进核武器化不可缺少的组成部分。他设计的我国第一个具有创造性和准确性的核试验方案，确保了首次核试验任务的圆满完成。

程开甲被人们尊称为"核司令"。他是当年受周恩来总理点将，隐姓埋名数十年，投入核武器试验事业的科学家，是我国第一颗原子弹研制的开拓者之一，是我国核武器试验事业的创始人之一。他在内爆机理研究方面解决了原子弹起爆的关键问题。他领导创建了核试验研究所，提出

华人精英

向地下核试验方式的决策性转变,设计、决策和主持了包括首次原子弹、氢弹、导弹核武器、平洞、竖井和增强型原子弹的几十次核试验,在两弹研制和试验中作出开创性的突出贡献。他创立我国自己的系统的核爆炸理论和效应研究,为我军的核武器应用奠定了坚实基础。他开创我国的核爆炸测试研究,对武器的研制及改进、效应和防护等研究起到重要作用,直接增强了我国的国防力量。他开创我国抗核加固技术和高功率微波技术的新领域。他在凝聚态物理和材料科学方面进行了创新研究,建立了"程氏电子理论"。

程开甲还开创了抗辐射加固技术新领域。他起草我国战略核武器的第一个加固方案规则,领导辐射加固技术研究,并完成首次抗辐射加固试验。他组织、开创我国国定向能高功率微波研究的新领域,亲自讲课、报告,为其应用研究打下重要基础。1986 年以

左一程开甲

左二王茹芝陈能宽张震寰

来,程开甲进一步发展和完善了超导电性的双带理论,证明了 BCS 的电子成对理论是错误的,出版了超导专著《StudyonMechanismof Su – percon-ductivi – ty》和《超导机理》;近年来他提出了凝聚态的新的电子理论,被称为 TFDC(Thomas – Fermi – Dirac – Cheng)理论并得到实验验证,为材料性能研究和新材料设计提供新的理论依据。

　　程开甲曾任中国物理学会理事、中国力学学会理事、中国核学会常务理事。他是第三、四、五届全国人大代表，第六、七届全国政协委员。20世纪 50 年代获江苏省教学先进工作者荣誉称号；1978 年获全国科技大会重大贡献先进工作者、国防科工委科技工作者标兵等荣誉称号；历年来获国家科技进步奖特等奖一项、一等奖二项、二等奖一项、三等奖一项，国家发明奖二等、四等奖各一项，全国科学大会奖一项，国防科技进步奖一等

1990 年程开甲院
士在打字机上写作超导机理书稿

奖四项、二等奖二项。1999 年 9 月，程开甲获党中央、国务院、中央军委颁发的"两弹一星功勋奖章"。

华人精英

中国第一位留英医学生黄宽

黄宽,字绰卿,号杰臣,医学家、教育家。中国第一批出国留学生之一,第一位留英学习西医并获得医学博士学位的学者。黄宽学成归国后从事临床与教学,医术精深,尤其擅长外科,并且成功进行中国首例胚胎截开术。他是最早任海关医务处医官的中国医家,又是中国最早担任西医教学的教师之一。

黄宽 1829 年出生于广东香山(今中山市)东岸

黄 宽

华人精英

乡。黄宽幼年父母早亡，由祖母抚养长大。他天赋敏慧，初进乡村私塾读书，一经塾师指点教导，即能领悟背诵。后因家境贫寒，中途辍学。1841年黄宽12岁时，赴澳门就读于教会学校马礼逊学堂。

耶鲁大学校园一景

马礼逊学堂是澳门开办的第一所西式学堂。这所学堂由1835年1月在广州的外侨发起组织的马礼逊教育会举办。该会在1836年9月28日于广州举行成立大会，会后美国推荐耶鲁大学1832年毕业生塞缪尔·布朗前来中国办学。1938年2月23日布朗到达广州，旋往澳门进行筹备。1839年11月4日马礼逊学堂在澳门正式开学。

马礼逊学堂第一批招收6名男生，有黄胜、李刚、周文、唐杰、黄宽、容

闳。校中教科为初等算术、地文、国文、英文等,这是西方向中国传播西学而在中国创办的第一所洋学堂。1841 年 11 月 1 日马礼逊学堂迁到香港继续办学,黄宽、容闳等随学校迁来香港就学。马礼逊学堂自澳门迁港后,学校大事扩张。1845 年 3 月 12 日威廉·麦克来港,协助布朗办学。此时学生数已达 40 余人,分为三班授课。黄宽等在马礼逊学堂前后读了 6 年书,取得了优异的成绩。

1846 年 9 月,布朗在课堂里宣布,他与夫人因体弱多病,欲去美国治疗修养,并表明此行愿携三五名学生同赴美国新大陆,接受完全的教育,

马礼逊学堂

凡愿跟他到美国去学习的,即请站起来。容闳是第一个站起来的学生,接着黄胜和黄宽也先后站起来表示愿意一起去美国。布朗的友人,在香港任《中国日报》主笔的肖德鲁特,美商李启以及苏格兰人康白尔等人愿资

助这批学生 2 年的留学费用。美商阿立芬特兄弟公司的亨特利思号轮又允许他们免费乘坐该轮去美国。1847 年 1 月 4 日师生一行 5 人从香港启程,同年 4 月 12 日抵达美国纽约。

黄宽随布朗夫妇赴美时 18 岁。黄宽、容闳、黄胜在布朗和其他美国友人的帮助下进入马萨诸塞州的孟松学校。那时美国尚无高等中学,仅有预备学校作为大学的预科。孟松学校是当时最著名的一所预备学校。校长海门是耶鲁大学毕业生,也是当时著名的教育家,他对这 3 位中国留学生颇加礼遇。3 名学生中以黄胜年最长,但是黄胜因病于次年秋退学回国。黄宽与容闳在该校经过 2 年学习,于 1849 年夏毕业。容闳在布朗的帮助下,考取耶鲁大学,并获得耶鲁大学兄弟会图书馆管理员的职位,得以半工半读完成 4 年学业,成为中国第一个留美大学毕业生,于 1854 年学成归国。

黄宽在孟松学校毕业后,香港的肖德鲁特等人说,若学员愿到英国苏格兰爱丁堡大学学习专门科者,他们可以继续提供资助。于是黄宽于 1850 年进入爱丁堡大学学习。他在英前后学习 7 年,1857 年返回香港,服务于香港伦敦会医院。1858 年赴广州,接办合信氏在金利埠创设的惠爱医馆。黄宽对该馆大力整顿,使该馆业务蒸蒸日上。据 1859 年报告,该馆有病床 80 张,住院病人 430 人,门诊病人达 26030 人。黄宽亲授生徒 4 人,以协助其医务。因黄宽与当局意见不合,加上对某教徒的作为不满,遂于 1866 年辞去惠爱医馆之职,自设诊所,暇时协助博济医院从事诊务。

广州博济医院前身为美国传教士医生伯驾所开设的眼科医局。1840 年 6 月因战事停闭,1842 年 11 月恢复业务。1855 年因伯驾担任美国驻

华外交官,该局由另一个美国传教士医生嘉约翰接办。1856 年因再次爆发中英战争,医局遭到焚毁而停闭。1859 年 1 月,嘉约翰在广州南郊觅得新址后,重又把医局建立起来,更名为博济医院。黄宽返华后即参与了博济医院的诊务,从 1862 年起又参加了该院培养中国医学生的教学工作。1866 年博济医院创设南华医学校,黄宽被聘到该校任教,与嘉约翰共同负责教学工作。黄宽担任解剖学、生理学和外科学课程的教学;嘉约翰执教药物化学;关韬负责临床各科教学。博济医院初时只男生,至 1879 年始招收第一个医科女生入学。

博济医院

1862 年,黄宽一度应李鸿章聘至幕府担任医官,未及半载,因对仕宦生活不感兴趣,即行辞职。当时上海道台丁雨生劝他复职,并允许给他种种便利,但黄宽终不就。同年返回广州继续在自设诊所内行医。1863 年海关医务处成立,聘医官 17 人,其中 16 人系外籍医师,唯广州海关医务处医官为国人黄宽所任事,这足以反映黄宽在当时西医界的地位。

黄宽在医务方面也多有建树。1867 年嘉约翰因病离华,黄宽任代理博济医院院长。任代理院长期间,他所施行的手术次数,较过去任何一年

华人精英

的相当时期都多。就医校招收的学生人数来说，也较过去多。1867 年博济医院首次进行尸体解剖，由黄宽执刀剖验。由此可证，黄宽在当时博济

广州博济医院

医院内教学、诊务方面所占的重要地位。1875 年黄宽又兼任西南施医局主任。总之，在他任职的各种岗位上，他始终格尽职守，黾勉从事，从不懈怠，赢得了医界的普遍好评。

中国的爱因斯坦——束星北

束星北,理论物理学家。他毕生致力于我国教育事业与科学研究,有深厚的数学物理基础,讲课富有思想性和启发性,培养了一批优秀的物理人才。我国早期从事量子力学和相对论研究的物理学家之一,后转向气象科学研究。晚年,为开创我国海洋物理研究作出了贡献。

□束星北,1907 年 10 月 1 日生于江苏省南通唐家闸掘港村。1924 年毕业于镇江润州中学,当年进杭州之江大学,翌年转济南齐鲁大学。1926 年 4 月自费赴美留学,入堪萨斯州拜克大学物理系

束星北

三年级。1927 年 2 月转到旧金山加州大学学习。1927 年 7 月,因慕名爱因斯坦,经日本、朝鲜、莫斯科、华沙,去欧洲游历,在爱因斯坦任教的柏林大学威廉皇帝物理研究所当了一段时间研究助手。1928 年 10 月,入英国爱丁堡大学深造,师从理论物理学家惠特克。1930 年 1 月获硕士学位,随后到剑桥大学读研究生。1930 年 9 月返美进麻省理工学院,师从

华人精英

束星北像

思特罗克教授,任研究助教,并继续研究生学习。1931 年 5 月再获理学硕士学位。1931 年 9 月回国探亲,时值"九一八"事变。国难当头,他投笔从戎,于 1932 年 1 月受聘于南京中央军官学校,任物理教官。因触怒

了蒋介石于 1932 年 7 月离开。

1932 年 9 月束星北受聘于浙江大学物理系任副教授。1935 年 7 月物理系全体师生因反对校长独断专行,离校。束星北到上海任暨南大学教授兼数学系主任,并兼交通大学物理系教授。1936 年 4 月,竺可桢出任浙江大学校长后,聘请原物理系全体教师、技工回校。束星北也于1936 年 8 月回浙江大学,翌年升为教授。抗战期间,他随校到贵州遵义、湄潭,其间曾被借聘到重庆军令部技术室任技术顾问一年。1946 年随校复员回杭州,此后曾兼任齐鲁大学和之江大学教授。1952 年,因院系调整,到青岛山东大学物理系任教授,并转向了大气动力学研究方面。当年,山东大学成立海洋系,物理系气象组转入海洋系,束星北任海洋系气象研究室主任。

期盼“解放”、“摘帽”,束星北、葛楚华夫妇于 20 世纪 70 年代中期合影

1955 年“肃反”运动中束星北受停职审查,审查结论为没有反革命历史问题,公开宣布取消政治嫌疑。1957 年反右运动中又因对肃反中的错误做法提出坦率批评并提出遵守法制问题受到批判,1958 年 10 月被错

定为"极右分子"和"历史反革命分子",开除公职,"管制劳动"三年的处分。1960 年转到青岛医学院任教员,继续管制劳动,1965 年,撤销管制。1978 年 5 月,被青岛海洋局第一海洋研究所聘为研究员,开展海洋物理研究。

1979 年得到彻底平反,完全恢复名誉。1981 年起,先后当选为山东

竺可桢时代(1936 – 1949)

的浙江大学,束星北在此度过了他科学生涯的一段美好时光

省和青岛市物理学会名誉理事长,中国海洋物理学会副理事长、名誉理事长。1983 年 1 月任中国人民政治协商会议山东省第五届委员会委员。1983 年 10 月 30 日病逝于青岛。

束星北在国外接受了先进的思想和学到了尖端的技术。回国后,

华人精英

142

他将毕生精力都献给教育事业,即使身处逆境,也为培养人才尽心尽力

1980年,束星北(左)与"两弹元勋"王淦昌在青岛山上的合影

　　他在浙江大学任教19年,教过理论力学、理论物理、量子力学、热力学、电磁学、无线电、狭义相对论、广义相对论、物理讨论乙(与王淦昌合开)等课程。他讲课时物理概念清晰,富于思想性和启发性,引人深思。他着重讲透物理学的基本概念和基本原理,凡受过他的理论启蒙的学生,都会经历到理解了一个基本原理的真谛时那种豁然顿悟的乐趣,欣赏到理论思维的威力和自然界奇妙的统一性。例如,在讲狭义相对论时,他使学生对力学的理解进入了一个新的天地,把难懂的相对论讲得深入浅出,一清二楚。他讲课从不照本宣读,不作面面俱到的讲解。但对根本性原

理却不厌其烦地从日常所见的自然现象出发,以各种生动的实例,从不同侧面深入浅出地反复论证,使学生一通百通地理解、掌握、运用基本原理概念。例如,他讲热力学时,用大量实例证明第一类和第二类永动机是不可能的,进而阐明热力学第一和第二定律,阐明热力学熵的原理,并把熵的概念描述成可捉摸的物理量,使学生对难以理解的物理概念变得清楚、明了。他讲基本原理和重大发现时,几乎都按认识演变的历史,从黑体辐射到量子力学,从以太到相对论等等,讲清讲透。在历史地阐明和论证完毕物理学的一个基本原理或定理之后,他总爱说"物理学是逼上梁山的",以形容人们认识物理规律的过程。

他特别着重引导学生抓住物理学的一些本质问题。在讲量子力学时,他强调统计性和测不准关系,用大量事例着重阐明测不准关系原理。在讲狭义相对论时,他特别强调相对论的核心问题是同时性问题,在狭义相对论中,同时性只有相对的意义,只有时空的点才是绝对的。在讨论经典统计物理时,他强调指出统计物理的核心问题是玻耳兹曼的 H 定理。

同时,束星北注重培养学生的独立思考能力。他要求学生对学过的东西一定要消化,不赞成死记硬背。他经常讲应该吸收那些对的部分,摈弃那些错的部分,反对盲目引述文献和专家权威的话,认为如果不变成自己的东西,即使说对了也无用。他所出试题相当部分要求灵活运用讲授内容,靠死记硬背是答不出来的。如讲力学轨道运动时,他向学生提出"月球与太阳之间引力大于月球与地球之间引力,为什么月球绕着地球转"。为使学生接触物理学最新进展,他与王淦昌合开了"物理讨论乙",介绍物理学的前沿领域,当时出现的一些重要进展他们都讲过。例如,王淦昌讲过中微子和 β 衰变实验,束星北讲过费米的 β 衰变理论和达尔文

的狄喇克方程严格解。他也让四年级学生作文献研究报告，培养他们阅读文献和独立思考能力。

束星北虽是一位严师，但平易近人，而且关心爱护学生。浙江大学物理系培养出了相当一批理论物理人才，与他的启发教育是分不开的。李政道的成长曾得益于束星北对他的精心培养。李政道1943年在湄潭、永兴场浙江大学一年级念书时，与束星北的侄子同班，常到束星北家中去玩。通过提问题，他发现李政道是个天才，便格外培养。这一年，束星北每两周去永兴场一次作普通物理辅导。几乎每次去都和李政道在楚馆（一年级教室地点）物理实验演示室热烈地讨论问题。李政道原是工学院学生，到二年级，束星北亲自帮助他转入理学院物理系。到湄潭后，李

鱼山路26号的束星北故居

政道经常睡在双修寺物理实验室,束星北晚上也常去双修寺,两人往往谈到深夜。1944 年底日本侵略军进犯黔南后,浙江大学出现从军热,李政道激于爱国义愤,决心去重庆报名参加青年军,因路上翻车受重伤而作罢。他写信告诉在重庆的束星北,束星北派车把他送回湄潭。后来,束星北利用接眷车把李政道接到重庆,随后介绍他去昆明找吴大猷,转学西南联合大学。李政道念念不忘束星北对他的关心培养。1972 年 12 月 4 日,李政道第一次回国期间,就给当时在青岛医学院劳动的束星北写信,信中

1978 至 1979 年,束星北在青岛李村崂

山旅社给国家海洋局第一海洋研究所"动力海洋学进修班"讲课

提到"先生当年在永兴、湄潭时的教导,历历在念,而我的物理基础都是在浙大一年所建,此后的成就,归源都是受先生之益"。

1952年束星北到山东大学物理系,除讲授物理课程外,还主动要求参加普通物理教研组,亲自辅导提高该组教师水平,对物理系教学质量的提高起了很好的作用。

在青岛医学院期间,束星北精神上、生活上极其痛苦与艰难,为提高青年教师数理基础,他仍非常认真、尽心尽力地讲授电动力学、傅里叶级数、普通物理学、微分方程、矩阵、医学生物统计等课程。

晚年,束星北到海洋研究所,通过广泛了解科研人员素质和科研状况,深入阅读有关海洋科学和海洋物理文献,提出首要任务是要培养一支有深厚理论基础的物理队伍。在领导的大力支持下,他举办了有28名经过他挑选的科研人员参加的动力海洋学习班。针对多数学员理论基础不牢的问题,他比较系统地讲授了张量分析、流体力学、数学物理方法等课程,还边学边教,讲授了动力海洋学。后来,他所培养的28名学生,大部分成为副研究员、高级工程师,他们在各领域研究课题中都是学术带头人。他所创建的研究组,也成为我国从事海洋内波研究的一支重要力量。

束星北在多个领域开展科学研究,并取得成果。

一、理论物理研究。1952年前,束星北在物理方面的研究工作,涉及相对论、量子力学、电动力学、统计力学等多个领域,其主要工作在广义相对论与量子力学方面。

束星北是我国早期从事相对论研究的理论物理学家之一。爱因斯坦广义相对论的引力定律,开始时只得到球对称静力场的近似解,随后史瓦西得到球对称静力场的精确解。20世纪30年代初,束星北曾试图推广

华人精英

147

到球对称的动力场,得到有质量辐射的近似解。

统一场论是爱因斯坦终身追求的广义相对论的基本问题。爱因斯坦引力场几何化的成功,立即导致用类似的纯几何概念来描述电磁场的愿望。韦尔、爱丁顿和爱因斯坦本人都曾经想通过对黎曼几何的修正,把用于引力场的广义相对论推广于电磁场,但都没有成功。1930年前后,束星北也试图探索引力场与电磁场的统一理论,考虑了引力场与电磁场的根本异同,他提出用质量密度 ρ 和虚数电荷

1979 年 3 月 9 日光明日报刊登的束星北的文章

密度 iσ 仃之和 ρi + σ 代替广义相对论中的能量 – 动量 – 张量中的质量密度 ρ,从而导出一级近似的复数黎曼线元,实数部分正好代表引力场,虚数部分正好代表电磁场,并由之进一步推导出麦克斯韦方程组和洛仑兹作用力方程。这样得到的理论特别简单,而且使电荷、电流密度和电磁势之间的关系立即变得清楚明了。

1942 年,浙江大学迁到湄潭后,他又开始探索任意参考系之间的相

对性问题,试图放弃爱因斯坦的统一场论,由等效原理中的时空变化率进入相对论,只承认洛仑兹变换,将普遍时空变成相对于运动质点的时空,而不是一个唯一的统一的时空。他曾用瞬时微分洛仑兹变换方法,得到任意相对运动的参考系之间的变换,电磁场张量在具有相对加速运动的参考系之间具有相对性:无论是电荷加速运动、观察者静止,还是电荷静止、观察者加速运动,所观察到的电磁场完全一样。

束星北所研究的都是相对论的基本问题。但由于这是一个尚未成熟的课题,更由于战争和其他因素影响,他的研究探索多次中断,未能继续深入下去。在他受到政治打击之后,他还于1965 年写成了《狭义相对论》书稿,很有特色,王淦昌为之写了序言,可惜该书未能出版。

1928 年狄喇克提出电子的相对论运动方程,奠定了相对论性的量子力学基础。这一伟大理论立即引起了很大轰动。达尔文曾对狄喇克方程求得严格

1943 年 12 月 17 日束星北在贵州湄潭给爱因斯坦的信

解。在这期间,束星北正好师从达尔文,还到狄喇克所在的剑桥大学学习,因而对狄喇克方程也曾有过很大兴趣。狄喇克方程提出后,许多学者曾就该方程的数学基础和表示形式的进一步完善进行了研究。束星北于

华人精英

1931 年在麻省理工学院完成的硕士论文也是这方面工作的一个探索。他利用广义超复数系,通过对黎曼空间度规的线性化推导了一些黎曼几何中类似的结果,主要是在四维情况下写出了狄喇克方程,从而在狄喇克方程的数学基础和表现形式的进一步完善方面作了一些有意义的探索。束星北在该工作快结束时,看到福克和伊凡宁柯做了类似工作。他们的基本思想相同,但处理方法不同。束星北所研究与应用的广义超复数系,其性质与克里福特群类似。20 世纪 80 年代,克里福特群被引入量子场论的研究,受到广泛重视。束星北在狄喇克方程方面的工作是有创造性的,但写完论文即回国探亲,该工作没有再继续下去,这篇硕士论文也没有正式发表。在浙江大学期间,束星北在量子力学方面也作过不少研究,但大都没有成文发表。

二、大气动力学研究。1952 年由于院系调整,束星北到山东大学物理系时,正值第一个五年计划即将开始时期。面对国民经济发展的需要,束星北毅然放弃相对论研究,决心献身气象科学。在他主持下的气象研究室,从开始只有几个人,迅速发展成为 20 多人的研究室。他全力以赴孜孜不倦地工作,加之雄厚的数理基础,研究工作很快上手。短短两年(1953—1954 年),就写出气象研究论著近 10 篇,从物理学角度对大气动力学作了理论探讨。

在气象研究中,对于干空气绝热运动一般视作等熵变化。从等熵运动中,束星北得出决定温度直减率 γ 变化的因素有:空气压力变化、水平辐合和冷暖平流切变等三种。理论上比彼得逊和赫尔维茨等所得结果更完善。在大气骚动和空气运动学方面,束星北得到的波速方程比罗思必的结果在形式上更为广泛,理论上较为完整。他还从大气骚动导出温压

结构的槽脊方位和倾度关系,提出倾向与强度相互消长变化等结论,有助于对西风波的认识。束星北在"高空变压计算法的建议"中导出的高空变压公式与罗思必的公式大致相同,而理论上更严格些。关于基培尔学说,束星北曾发表两篇文章,为基培尔的假设提供了理论依据,并从基本假设出发导出预报方程,避免了基培尔学说中不合理的设想和简化。正当束星北对我国气象研究开始有贡献时,1955年"肃反"开始。从此,他被迫停止了刚刚有了一个良好开端的事业。

三、动力海洋学研究。束星北晚年为开创我国动力海洋学研究鞠躬尽瘁。大约在1978年初夏,国家海洋局第一海洋研究所所长曾容三次请束星北到海洋研究所工作。束星北被这位所长的诚心所动,于1978年盛夏正式到海洋研究所工作。在他古稀之年,又抱病投身于我国海洋科学事业。

1980年春,在动力海洋学习班上,他与中国科学院声学研究所汪德昭所长共同倡导,在我国近海开展海洋内波的观察研究,在海洋研究所组建了由他领导的海洋内波研究组进行内波理论的探索研究和现场观察。为此,展开了测温链的研制,1981年完成了由12个铂电阻探头构成以单板机控制、取样、记录的测温链,并在黄海进行了内波测量试验。接着又开始研究16个热敏电阻探头构成的微机控制、取样、记录的测温链。正当他满腔热情为我国海洋科学事业不遗余力地刻苦工作的时候,不幸于1983年10月病逝。1984年他所创建的内波研究组研制成了第二代热敏电阻测温链,并用于海洋内波的正式现场测量。1985年发表了由他的学生执笔,以他为第一作者的两篇有关海洋内波的论文。这些虽是初步的工作,然而是我国海洋学界公开发表的有关海洋内波的最早的研究论文。

华人精英

凡与束星北共过事,受过他教益的人对他的学术思想和治学态度无不留下深刻的印象。他虔诚好学,思想敏锐,理解深刻,好穷根究源。20世纪30年代量子力学和核物理是引人注目的前沿领域,他回国后一直关注着这些研究领域。因爱因斯坦与玻尔在原理上有尖锐的分歧,1937年5月 N. 玻尔来中国讲学时,束星北对此曾多次向玻尔请教,两人讨论十分热烈,给玻尔留下了深刻印象。早在20世纪30年代末就认为幻数对核结构有重要意义,曾让他的学生研究过这个问题,他还强调群论在核物理中的应用。1942年暑假,他在湄潭专门组织了群论讨论班,讲韦尔的《群论》,重点是讲在原子光谱和核谱方面的应用。这在国内是比较早的介绍。

束星北富有洞察力。1939年他讲授数学物理方法时,主要讲正交函数和希尔伯特空间、格林函数和积分方程,提出应用特异点解微分方程的方法来处理物理问题。1941年,束星北针对量子电磁场高次微扰计算中的发散困难,提出将发散上项切断,继续计算下去,可得到原子能级的电磁场修正。这个想法接近贝特于1947年计算兰姆效应的观点,他对氢的电子能级计算得到与贝特相同的修正值。可惜当时这些工作都没有进行到底或写成文章。他认为测不准关系是基本原理,对于单粒子系统,测不准关系应该能直接给出体系的基态能量。根据这一观点,他成功地推导了谐振子、氢原子和类氢原子基态的能级,结果刊登于英国《哲学杂志》。

束星北从来不人云亦云,盲目接受前人的观点。在电动力学中,麦克斯韦方程组既有一个推迟解,又有一个超前解,通常认为超前解不符合因果律而被舍弃。束星北却认为,如方程式数学上正确,就不应舍去合乎一般物理要求的解。经过钻研,他论证了当恰当注意边界条件时,这个超前

解与推迟解等同。都不违反因果律,而通常在人们感兴趣的外向辐射的边界条件下,舍去超前解又是正确的。1945 年,惠勒和费因曼曾把辐射的原因归因于吸收体的存在。束星北对此发表一篇文章,根据他对波动方程的超前解与推迟解等同的证明,论证了"吸收体的反作用"不存在,认为他们所说的"吸收体"无任何物理真实性。

束星北精通理论又十分重视实际。比如无线电方面,他既熟悉理论动手能力又强。抗战时期,在湄潭他同工人一起修好报废的发电机和冰箱各一台。他与实验室技师任仲英合作研制成功在铜铁上涂镍,获当时国家奖。1944 年,因国防需要他主持雷达研制,探测地面约 10 千米远

束星北

的目标获得成功。束星北认为气象研究是一门应用科学,他的工作不满足于理论推导,必须联系实际以验证,进而探讨用于天气预报的可行性与方式方法。在青岛医学院劳动期间,他仍然坚持不懈地钻研科学,做了大量技术工作,修好和研制了一批当时国内难以修理的精密电子仪器。1972 年底完成了中国科学院委托的冲击功对金属胶粘剂的破坏因素研究。1978 年又为航天工业部计算了洲际导弹弹头接收和打捞的最佳时限,确认在 3 分钟内可以立即打捞。

束星北还是一位富有正义感的爱国科学家。1931 年回国后,他始终关心抗日,想为此作出一些贡献。1932 年在国民政府军官学校时,因主张抗日而触怒了蒋介石。浙江大学在广西宜山时,受到日机疯狂轰炸,他

华人精英

十分气愤,开始考虑研制一种能追击飞机的国防武器。到 1944 年,日本侵略军进犯黔南,形势危急,他放下教学、科研,应聘去重庆参加雷达研制。束星北秉性耿直,富有正义感。在 1935 年浙江大学物理系反对校长郭任远的斗争中,他是一个积极分子。有一次郭任远为拉拢教授们宴请全校教授,束星北当面质问郭任远,问他宴请经费从哪儿开支,弄得郭下不了台。中华民国时期他不了解共产党,也不同情学生运动,反对学生罢课。但是,在浙江大学于子三事件后,出于强烈的正义感,他第一个出来号召浙江大学全体教授罢教,以抗议国民党特务杀害学生的罪行。1949年初,有人不小心在实验室丢了一本《论共产党员修养》,他拾到后秘密保存起来,保护了进步学生。他在青岛医学院期间,曾修复一台从国外进口不久的脑电图机。当时对这台贵重先进设备,谁也不会使用,也不敢随便修理。束星北却主动提出修理。考虑他当时所处的政治处境,好心人劝他不必多事。他则说:"看到国家贵重仪器的损坏,而我袖手旁观,是我良心所不允。如果我修不好,就是批斗我也心甘情愿。"

对于束星北来说,最大的痛苦莫过于不能发挥自己的才能,不能为国效劳的那种精神上的痛苦。1964 年当束星北听到我国第一颗原子弹爆炸的消息时,他不禁在家号

中国第一颗原子弹爆炸升空

嗬大哭。他为自己有力不能出,有志不能酬而痛心,为不能与王淦昌在现场并肩战斗而伤心。他哭得极为伤心,全家为之震动,因为家人从来没有见他流过眼泪。

即使在自己遭到错误对待的境遇下,束星北仍然对祖国的日益昌盛感到由衷的高兴。1972 年 10 月 20 日,他在给李政道的信中写道:你"这次回国,当能看到祖国经历的惊天动地的变化,28 年前那种国内卑污,国际受辱的现象已一去不复还矣!"表达了他热爱中华人民共和国的心声。束星北是我国早期的一位杰出的理论物理学家和教育家。他的一生是孜孜追求真理、辛勤耕耘播种的一生,也是坎坷的一生。他是一位有真才实学的爱国科学家。

钟南山的爱丁堡之行

华
人
精
英

　　1936 年 10 月 20 日,钟南山出生在南京。钟世藩是他父亲,福建厦门人。钟南山是 20 世纪 30 年代南京中央医院儿科主治医师,新中国成立后任中山医科大学的一级教授,著名儿科专家。钟南山一生中经历了不平坦的 30 多年,包括文化大革命。

　　1978 年,中国知识分子迎来了科学的春天。第一届全国科学大会在党的支持和科技工作者的努力下,在北京隆重开幕了。钟南山作为广东省的代表也参加了这次历史的盛会,他与侯恕副教授合写的《中西医结合分型诊断和治疗慢性气管炎》的论文,被评为国家科委全国科学大会成果一等奖。会议期间,钟南山捧读了著名作家徐迟写的报告文学《哥德巴赫猜想》,他完全被书中主人公的时刻拼搏、刻苦钻研、无私奉献和坚强不屈的意志所征服。这位主人公,也坐在这届大会的代表

钟南山

席中,他就是摘取了数学领域皇冠的陈景润。钟南山从代表席的后面远远地看着瘦削但神采奕奕的陈景润,不由得热血沸腾,觉得自己仿佛只是个20出头、血气方刚的青年,想大干一场。

在钟南山正想着如何大干一场的时候,传来一个让人兴奋的消息:全国组织公费出国留学考试,凡符合条件的人都可以报名参加。这可是个难得的机会。呼吸研所的三位创始人,侯恕、余真、钟南山都报了名,并都期待着自己能获得这一难得的出国深造的机会。

和许多人一样,钟南山怀着满腔的热情报名参加了这次"文革"后的第一次公费出国留学考试。

当时的他也不是毫无顾虑。

陈景润

10多年没有认真练过英语;虽然并非什么也不懂,但的确什么也不精。从参加慢支炎防治小组以后,钟南山开始专攻呼吸系统疾病的治疗及研究,但与这一领域的专家及科班出身的人员相对比,此时的他毕竟是个半路出家的"和尚","经"自然念得要比他们差一点。而且,慢支炎防治小组成立了呼吸疾病研究所以后,钟南山担任该所的副所长,除了日常的医疗科研工作以外,还有许多行政管理上的事务,占用了不少时间。

华人精英

钟南山在考试前的两个星期,向医院请了10天假,包括两个周末,一共用了12天的时间复习英语。这次请假10天,是他回到广州后的唯一一次请假。对于钟南山来说,平时的时间只有星期日,而没有星期六,因为天天都在忙。

考完之后,分数下来了,余真分数最高,62分,钟南山第二,53.5分,侯恕考得比钟南山还差一些。按平时的60分及格来看,只有余真能够出国留学了。然而幸运的是,由于许多人经历了十年动乱后,也如钟南山一样,将英语丢得太多,因而这次选拔考试平均分偏低,国务院也相应地划低了录取分数线,45分就及格。这对于钟南山来说真是天大的喜讯。

选拔结果出来了,虽然余真分数在三个人当中最高,但因为政审不合格,被迫放弃了这个机会。钟南山总算赢得了这次机会。

钟南山9月份拿到了通知书,接着被要求集中培训,然后就要出国留学了。在那个刚刚打开国门的时代,一切都显得那么仓促。拿到通知后便要离家,而且一去就是两年,这可是钟南山不曾想到过的。

钟南山

那天他兴冲冲地跑回家,向年迈的父亲和爱妻通报喜讯,在快要进家门时,他看到正在读初一的13岁的儿子一边在一张小方凳上做作业,一

边哄着已哭成泪人的不到 4 岁的小妹妹,妻子李少芬系着个围裙忙进忙出。钟南山看到此情此景,不禁心有惭愧:自己只顾着工作,家里的事,却没有出过什么力。为了家庭,妻子付出得太多了,她每天都要带领队员训练,还担任广东省体工大队党委书记。在家中,她要照顾好两家三位老人,还要照看好两个还未成年的孩子。如果自己再一走,这个家里老的老,少的少,担子将全压在她身上。

钟南山终究瞒不过细心的妻子。他羞愧地递上通知书,换来的是妻子轻轻的一句话:"你放心去吧,家里有我。"

考取第一批公费出国的学员,都被集中到中国矿业学院进行为期四个星期的英语强化训练。钟南山与其他 15 位学员被编为一组,他被指定为这个小组的小组长。在这个小组中,有搞物理、化学的,也有搞农业的,只有两个是从事医疗卫生方面的人员。到了英国后,他们将分散到各个地方和各个大学中去学习各自的专业。由于大家都是 40 岁上下的人了,又经历了多灾多难的"文革",因此外语水平都不是很高。钟南山英语底子也不是很好,靠的还是原来在中学时所学的一点简单英语。因此,他在这个训练班中明显地感到了压力。就这样,被"压"着一步步走过来,用了四个星期,英语水平好不容易过了国务院所划的分数线。

1979 年 10 月 20 日,16 位肩负着祖国和人民重托的公费生踏上了西行的列车。国际列车在茫茫的西伯利亚原野上奔驰。这天,正是钟南山的 43 岁生日。他没有和家人一起在温暖的家中度过这一天,而是带着祖国的托付,穿行在风雪凛冽的西伯利亚原野。他还要穿越波兰、西德、荷兰,最后到达英国———进入一家闻名遐迩的大医院进修和做医学研究。

中国人过柏林墙时,遇到了意外的阻碍。钟南山这一群中国人引起

了西德海关人员的特别注意———原来,由于国家经济困难,钟南山他们出国时,每人都带了几大袋的洗衣粉。由于洗衣粉太像当时西方一些人所钟爱的白粉(毒品),因此西德海关人员如临大敌,把钟南山一行16位留学生全部都扣留了下来。而此时,离火车发车的时间只剩下几分钟。这一群中国留学生急得像热锅上的蚂蚁,手舞足蹈地向警察们比画着、解释着,而警察在一旁无动于衷。眼看着火车就要开走的紧要关头,钟南山本能地吐出了两个英语单词———washingpowder(洗衣粉)。"Washing-powder?"那位固执的德国人显得很不相信,他摘下手套,用食指从刚才用刀子划开的地方蘸出少许白色粉末,很疑惑地打量着眼前这个高大、黑瘦的中国人,缓缓地将沾有白色粉末的食指伸入口中。钟南山站在旁边一

伦敦塔桥

动也没动,坚毅的眼神里流露出焦急与诚挚。德国人终于品出这白色粉末状的玩意儿不是他们所警惕的"白粉",皱了皱眉头,对着中国人又重

复了一遍"washingpowder",语音坦然。钟南山笑了,还是那么的真诚。

最后火车特地迟开了3分钟,才使钟南山这个小组长带领全体"部下"如期穿越了整个波恩平原,抵达了英国。

1979年10月28日,钟南山一行人终于到达伦敦。10月的伦敦已经带着初冬的寒意,钟南山来到西部的依林高校,他将在这里接受8周的英语训练,为前往爱丁堡大学附属皇家医院进修作准备。

刚到不久,钟南山就收到他的指导老师———英国爱丁堡大学附属皇家医院呼吸系主任弗兰里教授写来的信。弗兰里教授信中写道:"按照我们英国的法律,你们中国医生的资历是不被承认的。所以,你到医院进修不能单独诊病,只允许以观察者的身份查查病房或参观实验室。根据这个情况,你想在我们这里进修两年的时间太长了,最多只能8个月,超过这段时间对你不合适,对我们也不合适。你要赶快同英国文化委员会联系,考虑在这里8个月之后到什么地方去……"读着读着,钟南山霎时像被人当头浇了一瓢冷水,他完全意料不到未曾见面的导师竟会给他这样一个忠告。

在以后的日子里,这样的事不断发生。一次,钟南山到大学的纤维支气管镜室参观英国医生做变纤检查时,有位叫瑟特罗的主任特意问他:"你们那个国家有没有这种设备?"钟南山说:"有。"而这位瑟特罗主任边做检查边得意地对他说:"我已经做了300多例了。"钟南山当时没吭声,因为他知道,即使他告诉那位主任他已经做了2500多例,他们也不会相信的。

就这样,钟南山默默承受着各种冷遇。

经过了英国方面简单、短期的英语口语培训后,钟南山他们各自走进了不同的课堂。之后的日子里,钟南山只能过着艰苦的生活,因为他每个月只有6个英镑的生活费,除了维持最基本的生活外,钟南山连一件衣服

都不敢买。他每天从居住地步行到学校去，为的是省下坐地铁的钱，能够多买一本专业书；他从不去理发店理发，而是自己动手理发，他还曾义务为其他中国留学生理发，这使他在留学期间多学会了一门手艺。

1980年1月6日，钟南山怀着惴惴不安的心情前往苏格兰的爱丁堡大学报到。他冒着毛毛雪雨来到爱丁堡大学附属皇家医院呼吸系，找到弗兰里教授的秘书艾丽丝太太，等待教授的第一次会见。上午9时半，艾丽丝太太带领他走进教授办公室。

弗兰里教授48岁，高高的个子，宽阔的前额，目光如炬，一眼望去就知道这是一个自视甚高的人。他慢条斯理地转过身来，以一种奇异的眼神打量了一下面前这位学生，第一句话就问："你想来干什么？"钟南山恭谨地向他说明，是想来搞呼吸系统方面的研究。弗兰里教授用一种不冷不热的腔调说："你先看看实验室，参加查看病房，一个月后再考虑该做些什么吧！"第一次会见就这样短暂，总共不到10分钟。钟南山走出教授办公室，内心感到一种莫名的压抑。

夜深了，钟南山躺在床上辗转反侧，无法入睡，心想："我们要挺直腰板站

爱丁堡大学管理学院

起来，用行动去为中国医生争口气。"这复杂的情绪一直伴随了他好久好久，直到钟南山真正完成了自己的诺言，以自己的行动为中国医生争到了荣誉。

钟南山同英国医生一起,从巡查病房做起,他独到的见解和广博的知识,很快引起了同行的注意。有一次,在皇家医院胸科查房时,他遇到一位患肺原性心脏病的亚呼吸衰竭顽固性水肿的病人。虽然医生们对患者已使用了一周的利尿剂,但病人的水肿未见消退,生命危在旦夕。在这样的情况下,怎么办?医生们意见纷纭,多数主张继续增加一般性的利尿剂量。但是钟南山却提出不同的治疗方案。他根据病人的病史,运用中医辨证的方法,观察舌象,看到病人的舌面干燥、无苔、深红,判断病人为代谢性碱中毒。他认为应该改用酸性利尿剂治疗,以促进酸碱平衡,以达到逐步消肿的目的。钟南山提出的方案引起了争议:有的人认为凭视觉判断病人为碱中毒,不是武断,就是近乎无稽;有的人认为如果贸然使用酸性利尿剂,可能加剧病人的呼吸紊乱,导致死亡。两种意见相持不下,大家都等待着弗兰里教授裁决。弗兰里教授沉吟半晌,以复杂的目光看着面前这位执拗的中国医生,然后指示给病人做血液检测。抽血检验结果表明,患者确实是代谢性碱中毒。于是,弗兰里教授毫不迟疑地下达指示:"按照中国医生钟南山的治疗方案办。"

病人连续三天服用了酸性利尿剂后,病情有了明显好转。第四天清晨,病人中毒症状完全消失,水肿开始消退,通气功能也随之改善。此时,钟南山的英国同行们开始信服了,他们表示"要重新认识中国人"。皇家医院呼吸系副主任瑟特罗教授更是友好地对钟南山说:"看来中国对呼吸衰竭疾病真有点研究呀!"

钟南山白天参加查病房,参观皇家医院各系的实验室,晚上泡在资料室里充实基础知识。他从浩瀚的资料分析中发现,呼吸生物实验室关于一氧化碳对血液氧气运输影响项目,不仅符合自己研究呼吸系统疾病的方向,而且正是指导老师弗兰里教授期待开展的项目。于是,他决定以此

为突破点,主动出击。他废寝忘食地工作,经过两周夜以继日的苦战,终于完成了关于"一氧化碳对血液氧气运输的影响"的实验设计。弗兰里教授看过钟南山的设计,脸上露出了笑容,他赞许地说:"好呀,我们走到一条路上来了,你好好干吧!"

皇家医院呼吸生物化学实验室的一台血液气体平衡仪是钟南山完成实验设计所必需的工具,要经常依靠它标定氧电极的数据。实验室主任沃克先生告诉他,这台仪器出了毛病,已经闲置一年多了,医院正等着拨款购置新设备。可是,钟南山总共才有两年的进修时间,每分每秒都是十分宝贵的,等设备要等到什么时候? 钟南山不是轻易就放弃的人,他决心亲自尝试修复这台仪器。通过仔细检查、摸索,钟南山先后从自己身上抽了 800 毫升鲜血进行测试校正。经过 30 多次的反复校正,仪器终于"复活"了。沃克先生抚摸着修复了的仪器,舒心地说:"我们可以节省 3000 英镑了!"站在一旁的摩根医生奇怪地问道:"钟医生在中国也修理过这种仪器吗?"钟南山如实作答:"我是到皇家医院才第一次看到这种高级仪器的!"

有了设备,钟南山按照原定设计开始了实验。为了取得可靠的资料,他让皇家医院的同行向他体内输入一氧化碳,同时不断抽血检验。当一氧化碳浓度在血液中达到 15% 时,医生和护士们都不约而同地叫嚷:"太危险了,快停止吧!"大家都清楚,当人体血液中输入一氧化碳浓度达到 15% 时,即相当于一个人连续吸 50 至 60 支香烟的量,头脑就会开始眩晕。对于钟南山这样一个从不接触香烟的人来说,其难受的程度可想而知了。

但是,为了研究工作,钟南山不肯停止。他知道:成功从不会轻易得到,前进的道路一定会有艰险,要突破,就得付出代价。他毫不犹豫地咬紧牙关,继续吸入一氧化碳,直到血红蛋白中一氧化碳的浓度达到 22% 才肯停止。这就相当于一个人连续吸 60 支香烟啊! 这时的钟南山已经

华人精英

感到天旋地转，难以支持，但他内心是明白的，这正是他实验设计的要求。经过努力研究，实验终于取得了满意的效果，英国同行被他那种忘我的献身精神感动了。

3个多月来，他每天工作16小时以上，每天深夜都坚持整理白天实验取得的数据。每当疲累难熬的时候，他就拿出弗兰里教授第一次写给他的信读一读。它好比一针兴奋剂，顿时促使他振作起来，重新投入战斗。这样他不仅顺利地完成了要研究的课题，而且对支气管疾病进行了

爱丁堡春天可爱的小松鼠

实验观察，开始了新的研究工作。爱丁堡暮春的早上，空气清新。钟南山呼吸着新鲜的空气，愉快地来到实验室。艾丽丝太太高兴地递给他一封信，是弗兰里教授写给他的。弗兰里教授在信中写道："下周皇家空军代表和苏格兰医学理事会主席要来参观我们的实验室，这关系到我们能否争取得到一笔可观的建筑实验大楼的财政费用。我想请你当天为他们进行有关各种因素对血红蛋白解离曲线影响的表演……"这是皇家医院对一个外国学者赋予的绝对信任，也是钟南山出国半年来预想不到的结果。他的苦心得到了回报，他的技术得到了承认，他的800毫升鲜血没有白流！

5月15日下午弗兰里教授到实验室来专题考察钟南山的研究情况。钟南山庄重地向教授展示了自己两个月来从事的实验。弗兰里教授审查了钟南山的研究报告，感到十分惊讶。他一把抱住钟南山，激动地说："太好了，你不但证实了我多年来的设想，而且有了新的发现。我一定要尽全力将你的研究推荐给全英医学研究会。"他又充满感情地对钟南山说：

华人精英

"看来我们有非常好的合作前景,希望你留在我的实验室,时间越长越好!"弗兰里教授最后这句话,显然是为当初自己那封拒人于千里之外的信表示歉意,并极力挽留钟南山这个人才!

一天晚上,弗兰里教授专门为钟南山安排了一个"啤酒讨论会"。"啤酒讨论会"是西方学术界探讨学术问题的一种比较通常的形式,到会的人一边喝啤酒,一边听报告人发表演讲。参加会议的人可以随意提问题,无拘无束地开展讨论。弗兰里教授安排这个会的用意,就是先让钟南山在小范围内报告自己的研究成果,为准备推荐他参加全英医学研究会议做准备。

晚上 8 时整,钟南山开始作报告,命题是《一氧化碳对血液氧气运输的影响》,这就是他 10 个月来的研究成果。他的报告赢得了呼吸系、麻醉科、内分泌科的全体医护人员的赞赏,人们热情洋溢地祝贺他成功。

1980 年 9 月,钟南山的研究报告在全英医学研究会议上宣读,一鸣惊人。同年 10 月,他应邀到奥地利首都维也纳参加欧洲免疫学会议。在那里,钟南山结识了伦敦大学附属圣·巴弗勒姆医院胸科主任戴维教授。戴维先生非常热情地请他前去圣·巴弗勒姆医院合作,并且商定共同进行对哮喘疾病介质的研究。

奥地利首都维也纳美丽风光

光阴荏苒,转眼到了 1981 年的夏天。再过两天钟南山就要提前结束在爱丁堡的研究工作,应邀前去伦敦大学的圣·巴弗勒姆医院了。

华人精英

　　弗兰里教授头一天去美国出席一个学术会议,钟南山在临别前只能向他的夫人和孩子告别了。晚上8时多,钟南山来到教授家,还未按门铃,弗兰里太太就出现在门口迎接他了。大厅已高朋满座,呼吸系的、麻醉科的和放射科的医生、护士们济济一堂,餐桌上摆着丰盛菜肴和香槟酒。人家正在开酒会,钟南山顿觉来得太不是时候了。他抱歉地向教授夫人说:"真对不起,打扰你们了。我不知道你们今晚有酒会呀!"教授夫人一把拉住钟南山的手,热情地说:"今晚的派对就是为你而设的。来吧,让我们在握别之前一起欢欢乐乐地喝一杯!"人人脸上都绽开了笑容,那么亲切,那么友好,充满了依依不舍之情。钟南山一时间不知所措了。他向大家行了一个中国式的鞠躬礼,边拱手边说:"领情了! 我代表我的祖国向朋友们致敬,表示感谢!"

圣保罗教堂

圣·巴弗勒姆医院坐落在伦敦旧城区,这里许多建筑保留着 19 世纪的风貌,医院就在著名的圣保罗教堂附近。环境十分幽静。钟南山在这所医院开始了新的研究课题。秋天,钟南山忽然接到全英麻醉学术研究会的通知,邀请他前去作学术报告。

原来钟南山先前在爱丁堡大学皇家医院进修期间,在研究人工呼吸对肺部氧气运输的影响时,发现自己实验的结果同牛津大学雷德克里夫医院麻醉科的克尔教授一篇论文的结论完全相反。开始,他怀疑是自己在测定上出了差错,因为克尔教授是英国麻醉学的权威,他 5 年前发表的那篇论文,已被全英麻醉学会所承认。然而钟南山经过一再的测定和实验,最终证实了自己的结论正确无误。于是他为此写的一篇论文在皇家医院麻醉科小范围内做过报告,引起了一时的轰动。有人认为他狂妄大胆,唯独麻醉科主任杜鲁门教授独具慧眼,认为钟南山的研究很有价值,因此推荐给全英麻醉学术研究会,这是钟南山预想不到的事情。

1981 年 9 月 6 日,钟南山特别兴奋,他如同一名整装待发的战士,要赶往 80 千米外的剑桥参加会议。在火车上,钟南山陷入沉思之中。他想:自己不过是一个名不见经传的中国医生,而对方是英国一位名声显赫的理论权威,然而一场针锋相对的辩论将是不可避免的了。钟南山的报告安排在下午。他意气风发地走上讲台,开始了演讲、演示,进一步证明克尔教授理论的错误。钟南山提出的理论竟然与一向被视为权威的克尔教授背道而驰,与会的专家简直被这个中国人的发言惊呆了。会场上先是一片沉寂,然后是一片骚动。人们交头接耳,议论纷纷,提问者接踵而来。克尔教授的三位高级助手甚至连珠炮似地一连提出了 8 个问题。面对如此来势汹汹的反驳,钟南山不紧不慢地用大量的实验数据和严密论证一一作了解答。他的论据是那样有力可信,使提问者无可挑剔。

按照这个会议的规矩,要是同意钟南山的文章发表的话,会议的常委必须要当场举手表决。结果全场常委一致举手通过了这篇文章。会议主持人、英国临床研究中心麻醉科主任勒恩教授最后起来发言了。他说:"在我们实验室里也做过类似钟医生那样的实验,虽然还没有来得及总结,但总的结果和钟医生今天的结论基本一致。我认为这位中国医生的研究是创造性的。我衷心地祝贺他的成功!"钟南山的论文被大会通过了。在钟南山高大、宽敞的书架上,有一本素白色书脊、硬皮精装的书,书名叫《医学生的伴侣》,它在众多的医学书籍之中,显得是那么的小巧而又纯洁。在旁人看来,它毫不起眼,但在钟南山的眼中,它却记载着一个小小的故事。那是在 1981 年,钟南山一连做了 6 个科研实验,取得了一些阶段性的成果,但作为一个医生,出国留学而不参观学习先进国家的医学临床技术及最新情况,是说不过去的。因此他很希望到 A 教授主持的非常著名的一所临床医院去看一看,跟着他一起查查房。经过艰难的预约,A 教授只给钟南山 10 分钟时间。

10 分钟怎么够呢? 还来不及问一个问题,更何况跟教授一起查房? 该如何安排这来之不易的 10 分钟呢? 钟南山一连几天都在想这个问题,但一直想不到最好的解决办法。离预约的时间越来越近了,钟南山还是没有想好该如何利用这 10 分钟,只好硬着头皮去见 A 教授了。

去 A 教授的办公室要经过一段长长的走廊。走廊很静,鞋踏在地板上发出的声音很响。就在这时候,钟南山不禁打了个冷颤,想不到正是这一个冷颤竟让钟南山对于如何处理这 10 分钟有了全新的解决方法。"他只给我 10 分钟,我为什么不能突破 10 分钟呢?"异常安静的走廊让钟南山的思维一下子敏捷起来,他记起有一次在图书馆里曾看到过一本 A 教授写的《医学生的伴侣》。当时他对这本书很感兴趣,就一口气把它读完

了。他觉得这是简明扼要地介绍有关医学基础理论与基本原则知识的最好的一本书。这本书不像其他此类书籍那样，以枯燥乏味的图解与概念的迭加完成，而是像讲故事一样，深入浅出地从人的身体入手，从解剖写到人体的生理变化，再由生理的变化写到他所要说明的医学基础理论与基本原则知识，令钟南山看后很受启发。

于是，钟南山决定和 A 教授从这本《医学生的伴侣》谈起。进了 A 教授的办公室，A 教授再一次提醒钟南山，说预约的时间只有 10 分钟。钟南山没有客气，直接对 A 教授说，我读过你的一本书，《医学生的伴侣》，觉得它很有意思。A 教授停下了手中的笔，抬头望了望钟南山，疑惑地问："你读过我的这本小册子？"钟南山做了肯定的答复，然后又将其中几个 A 教授的独到见解之处点出，说此书从人的整体出发，把人当作一个整体看待，那么人的各个器官之间就不是单独的，而是一个整体了，其中的病理病因也就不是孤立的了。

听到钟南山完全能理解自己的著作，A 教授一下子有了极大兴趣，丢下了手中的笔，摆出了与钟南山长谈下去的架势。此时钟南山很幽默地提醒了 A 教授一句："我们的会谈不是只有 10 分钟吗？"A 教授连忙摇头说："No，No，I'm sorry."两人从预约的 11 点一直谈到 12 点 15 分，又应钟南山的请求，一起去查了病房。临分别时，A 教授送给钟南山一本刚刚出版的精装《医学生的伴侣》，A 教授在书的扉页上认真地写下了："To Dr. Zhong，from Robert"（赠给钟医生，罗伯特）这样一行字。

"对自己祖国的热爱，不仅出自血浓于水的感情，更源自对祖国深厚文明底蕴的理解和骄傲。"这是钟南山在一篇文章中的一句话。在英国，他以他的实际行动赋予了"中国学者"应有的尊严和地位，赢得了对方发自内心的尊重。

1981年11月18日，钟南山结束了在英国两年零一个月的进修，从伦敦飞返祖国。两年来，他以孜孜不倦的钻研精神，对呼吸系统疾病的防治研究取得了六项重要成果，完成了七篇学术论文，其中有四项分别在英国医学研究学会、麻醉学会及糖尿病学会上发表。在钟南山回国之前，英国爱丁堡大学曾经极力挽留他在皇家医院工作。钟南山心里明白，祖国送他们这一批学子出国深造，正是有待于他们为祖国贡献自己的知识与力量。因此，当皇家医院一位知名人士前来征求他的意见时，他礼貌地回答说："是祖国送我来的，我要回我自己的祖国！"

钟南山向媒体介绍控制 SARS 疫情情况

"对于一个医生来说，鲜花代表我们医生对病人的愿望和祝福，希望他早日康复。但是，作为一个医生光给鲜花是不够的，他还要给稻穗。稻穗是什么呢？就是实在的东西，是他肚子里的东西，也就是实实在在地给

华人精英

病人正确地诊断治疗,让他恢复健康。"这是钟南山在一次庆祝大会上的讲话。

行医几十年,钟南山的名气越来越大,尤其是在呼吸系统疾病的研究与治疗方面,已成为国内有名的专家。但在病人面前,他却从来没有一点架子。他有一句名言:看病只看病情,不看背景。他有一个坚持至今的"三个一样":高干平民,有钱无钱,城市农村,一样的热情耐心,一样的无微不至,一样的负责到底。他曾说过:"我推崇的医德是'不论贵贱,病人一律对待',我遵循的行医原则是'一接触病人,其他一切置于脑后'。"

虽然钟南山身兼数职,科研和社会活动十分繁忙,但他永远都记得自己是一个医生。在诊室里,他心里只有病人,多少次下班时间早已过去,他仍然不厌其烦地听病人一字一句陈述,认真地做检查、开处方,给病人解释疑难。他和颜悦色,亲切的话语温暖着病人的心。他经常语重心长地教导年轻医生:"我们要时刻想到,救人于痛苦危难之中是医生的天职。我们的职业决定了我们不可能是 8 小时工作制。如果硬要在 8 小时内外之间画下一条不可逾越的线,那就不是一个合格的医生,更不是一个好医生……"

怀着深切的报效国家、服务社会的意识,恪守科学精神,求索真知,通过坚持不懈的专业努力,挑战难关,造福病人,从永不言休的进取和奉献中获取无穷的快乐———这就是南山风格,这就是钟南山。

在 21 世纪中华民族的复兴之路上,2003 年抗击"非典"的这场斗争,已注定要写入历史,成为一座意义深远的纪念碑。钟南山通过不断的理论研究和实验,成为抗"非典"第一功臣。对我国医学事业作出了杰出的贡献,并为世界医学界权威所认可。